**Mauritius Bertram Lenz**

*"Et noli contristari"* **und lass dich nicht betrüben**

AF142925

Mauritius Bertram Lenz

# *"Et noli contristari"* und lass dich nicht betrüben

## Geschichten, Gespräche und Liedtexte von und mit Originalen

**Fromm Verlag**

## Imprint

Any brand names and product names mentioned in this book are subject to trademark, brand or patent protection and are trademarks or registered trademarks of their respective holders. The use of brand names, product names, common names, trade names, product descriptions etc. even without a particular marking in this work is in no way to be construed to mean that such names may be regarded as unrestricted in respect of trademark and brand protection legislation and could thus be used by anyone.

Cover image: www.ingimage.com

Publisher:
Fromm Verlag
is a trademark of
Dodo Books Indian Ocean Ltd., member of the OmniScriptum S.R.L Publishing group
str. A.Russo 15, of. 61, Chisinau-2068, Republic of Moldova Europe
Printed at: see last page
ISBN: 978-613-8-37408-4

Copyright © Mauritius Bertram Lenz
Copyright © 2021 Dodo Books Indian Ocean Ltd., member of the OmniScriptum S.R.L Publishing group

*Meinen + Eltern Maria und Josef Lenz gewidmet*

# „*Et noli contristari*"
# *Und lass dich nicht betrüben*

Geschichten, Gespräche und Liedtexte von und mit Originalen

erhört, erdacht und erlebt von

Mauritius Bertram Lenz

# Schreibwerkstatt
## Menü

## ESELSOHREN – GROSSER LAUSCHANGRIFF

## EIN WORT ZUVOR

Ein Wirtssohn erklärte seinem Vater, dass er ins Kloster gehen und Priester werden möchte. Der erschrak über das Ansinnen des jungen Mannes, weil er sich dessen Zukunft ganz anders vorgestellt und eigene Pläne mit ihm im Kopf hatte. Natürlich wünschte er sich, dass er in des Vaters Fußstapfen tritt und eines Tages die Führung des Gastbetriebes übernimmt. Dieser sollte in Händen der Familie bleiben, das hat lange Tradition. Er versuchte nun, nachdem er den ersten Schock überwunden und sein aufschäumendes Gemüt wieder beruhigt hatte, in Güte dem Sohn zu verstehen zu geben, weshalb er mit dem Priesterberuf nicht glücklich sein würde. Er führte ihn zum Fenster und zeigte auf die gegenüberliegende Kirche. „Siehst du die Leute, die da beim Tor herauskommen?", begann er seine Überzeugungsarbeit, „Schau doch, was für ein trübseliges Aussehen die haben. Und dann vergleich' sie mit den Gesichtern unserer Gäste, wie fröhlich die aus dem Wirtshaus gehen. Willst du wirklich für so eine Firma arbeiten?" Der Sohn konnte dem Argument nicht widersprechen, aber er sagte: „Genau das ist der Grund, wieso ich Priester werden möchte, ich will, dass die Leute erlöster und froher aus der Kirche herauskommen." Der junge Mann ließ sich von seinem Vorhaben nicht abbringen und ist bis heute im Dienst der Frohen Botschaft. P. Johannes Pausch ist Prior des Benediktinerklosters Gut Aich im salzburgischen St. Gilgen und frönt dort seiner Aufgabe, den Menschen das Heil für die Seele und den Leib zu vermitteln. Der humorvolle Ordensmann erzählt in Vorträgen auch über persönliche Erfahrungen wie die seines Berufungsweges vom Wirtssohn zum Geistlichen. Das Lebensideal des Mönches ist nach der Regel des hl. Benedikt in die berühmten Worte zusammenzufassen: Ora et labora et lege – Bete und arbeite und lies. Um es ganz auf den Punkt zu bringen, muss noch ein weiteres Wort hinzugefügt werden: et noli contristari – und fang nicht an dich zu betrüben / lass dich nicht entmutigen!

In der manchmal doch so tristen Zeit wie der der Pandemie ist es höchst notwendig, Worte dieser Art öfters zu hören und in das Leben einfließen zu lassen. Wir brauchen nicht nur Nahrung und Medizin, um überleben zu können, wir brauchen auch die lebensrelevanten Worte und Zeichen der Hoffnung, die uns den Sinn und die Freude am Dasein zurückgeben. Das vorliegende Büchlein ist in der Zeit der Corona-bedingten Beschränkungen entstanden, die uns so viel Freiheit genommen haben. Den Humor darf man sich jedoch nicht nehmen lassen, genauso wenig wie den Glauben. Deshalb habe ich mich entschlossen, mit meinen Texten zur Verbreitung derselben etwas beizutragen, sie mögen ansteckend wirken, vielleicht sogar dann, wenn jemand bereits immun dagegen geworden ist. Die Geschichten können auch als Anregung verstanden werden, über das eigene Leben nachzudenken und sich zu erinnern oder wieder zu entdecken, wie viel doch vorgekommen ist, was einem zumindest ein wohlwollendes Schmunzeln abringen kann.

*Herzogenburg in der Osterzeit 2021*                    *H. Mauritius Bertram Lenz*

# ALLERLEI IM LAUF DER ZEIT

*Zu den Bräuchen an Ostern gehört auch der „risus paschalis", das Osterlachen.*
*Doch mancherorts entwickeln sich recht unkonventionelle Formen,*
*um dieses zu provozieren.*

## DIE UNVERHOFFTE OSTERFREUDE

Elsa und Paul, ein älteres Ehepaar, haben lange Zeit nicht gewusst, was ihnen zu ihrem gemeinsamen Glück noch gefehlt hat, bis ihnen ihr Sohn Herbert ein Angebot unterbreitete. Seine Bekannten hatten einige Hundewelpen zu vergeben und suchten dafür Abnehmer. Natürlich durften es nur ganz liebe Leute sein, denen sie die Nachkommen ihres Berner Sennenhundeweibchens anvertrauten, denn sie wollten sicher gehen, dass sie es im neuen Zuhause wirklich gut haben würden. Und wer könnte diese Voraussetzung besser erfüllen als die netten Eltern von Herbert? Eigentlich kannte er ihre Tierliebe noch gar nicht, aber er ging davon aus, dass sie von dem reizenden Hundebaby hingerissen sein und ihm nicht widerstehen können würden. Am Telefon versuchte er mit allen Überredungskünsten die Bedenken der Mutter zu zerstreuen, die nicht im entferntesten daran gedacht hatte, sich jemals einen Hund zuzulegen. Sie und Vater sollten ihn sich wenigstens unverbindlich anschauen und dann eine Entscheidung treffen. Ehe die Mutter noch Nein sagen konnte, hatte der Sohn den Hörer aufgelegt und seinen Bekannten mitgeteilt, dass sie nun um einen der vier Kläffer ärmer geworden seien, denn er habe eine Erste Adresse für ihn gefunden.

Die Jungen waren im übrigen lauter Straßenkreuzer, denn ihre Mutter hatte auf Reinrassigkeit offenbar keinen besonderen Wert gelegt und sich mit Freiern vom Schäfer bis zum Rauhaardackel ein Stelldichein gegeben. Aber obwohl sie keinen Ahnenpass vorweisen können, sind Mischlinge oft besonders lieb, treu und intelligent, wie man weiß. Elsa und Paul sollten auch bald davon überzeugt sein, nachdem sie ihr Sohn zu stolzen Hundebesitzern gemacht hatte. Und er hatte sich nicht getäuscht, die beiden waren sofort in das drollige Kerlchen vernarrt. Teddy, so rief ihn die Mutter, empfand ebenfalls gleich Zuneigung zu seinem neuen Frauchen und Herrchen und zeigte sich von der liebsten Seite. Jedenfalls fanden die beiden alles lieb, was er anstellte, denn er war ja noch so putzig. Endlich kamen sie auf den Gedanken, Teddy eine Erziehung angedeihen und ihm nicht alles durchgehen zu lassen, als seine Streiche begannen, für sie anstrengend zu werden. Er zerbiss alles, was er zwischen die Zähne bekommen konnte, von Schuhen bis zur Fernbedienung des Fernsehapparats. Aber zu diesem Zeitpunkt war er bereits zu einer starken Hundepersönlichkeit herangewachsen und hatte auch an Körpergröße enorm zugenommen, sodass er für die Elementarschule nicht mehr in Frage kam. Teddy gab im Haus den Ton an, aus dem Baby war ein kleines Ungeheuer geworden. Mit dem Enfant terrible aus dem Haus zu gehen, bedeutete inzwischen ein hohes Risiko, denn Teddy war in keiner Weise mehr gesellschaftsfähig. Das letzte Mal, als das Ehepaar noch in der Lage war, das Hündchen an der Leine zu führen, war bei einem Heurigenbesuch. Man hatte im Gastgarten Platz genommen und Teddy lag unter dem Tisch, seltsam unauffällig verhielt er sich dort. Hätte er nicht begonnen, an Pauls Bein zu lecken, was dieser als Zeichen der Zuneigung deutete, wäre er kaum wahrgenommen worden. Doch beim Verlassen des Tisches zog Paul die Aufmerksamkeit der anderen Gäste auf sich, die etwas verwundert schauten, als er mit zerrissenem Hosenbein wie ein Lump an ihnen vorbei gehen musste. Der Hund war indes zufrieden gewesen, denn er hatte großen Spaß daran, an der Hose seines Herrchens zu knabbern. Frauchen hingegen „was not amused".

Aus der Erfahrung hatte Elsa ihre Lehren gezogen. Das Ehepaar war bald darauf bei Verwandten, die ebenfalls einen Hund ihr Eigen nannten, zur Nachmittagsjause eingeladen. Die Gesellschaft saß im Garten zu Tisch und unterhielt sich froh und ungezwungen, während Henry, der Rottweiler, sich diskret unter den Tisch zurückgezogen hatte. Er war wohlerzogen und machte keine Anstalten, von der herrschaftlichen Tafel nur den geringsten Leckerbissen zu erbetteln. Elsa gewahrte jedoch, dass Paul für den sonntäglichen Besuch eigens eine neue Hose angezogen hatte, und überlegte, wie sie verhindern könnte, dass sich der Vorfall mit Teddy wiederholte. Für Henry musste es dank seines kräftigen Gebisses ein Leichtes sein, mit einem überraschenden Zugriff Paul seiner Hose komplett zu entledigen, um sie dann seinem Herrchen zu apportieren. Zuvor erkundigte sie sich noch scheinhalber recht höflich beim Hausherrn, womit er seinen Hund für gewöhnlich füttere. Während er ihr zur Antwort gab, dass er ihm nur Trockenfutter verabreiche, steckte sie dem Vierbeiner unter dem Tisch heimlich von ihrem Teller Stücke von der Bratwurst zu, um ihn von Pauls Beinen abzulenken. Dem Gastgeber fiel der Betrug zwar nicht auf und er hätte nie angenommen, dass Elsa ihn so schamlos austricksen würde, aber das Schmatzen des Hundes war auch für ihn unüberhörbar. Wer sich bei Tisch nicht zu benehmen wusste, konnte jetzt nur Paul sein, der gerade an seiner Wurst kaute. Mit einem strengen Blick versuchte ihn seine Frau zurechtzuweisen, er jedoch verstand ihre Mine nicht und machte ein unschuldiges Gesicht wie ein Dackel.

Es kam das Osterfest und Elsa hatte die Idee, von Teddy im Grünen Fotos zu machen, weil die Sonne so heiter strahlte. Aber wie konnte man den herumtollenden Hund dazu bringen, dass er für einige Augenblicke stillhielt, denn auf die Befehle „Sitz" und „Platz" reagierte er nicht, das waren für ihn Fremdwörter. Umso toller wurde das Treiben, je mehr sich die älteren Herrschaften bemühten, ihn einzufangen. Elsa, die inzwischen zur Hundeflüsterin geworden war, wusste, wie man mit einer List den Willen des Löwen bezwingen konnte. In der Küche wartete der Osterschinken, ein wohlriechendes Geselchtes, in einer Pfanne auf seinen Verzehr. Mit dem wäre es ein leichtes Spiel, den Widerspenstigen anzulocken. Paul brachte den „Lockvogel" in den Garten und präsentierte ihn dem ungestümen Wildfang. Teddy reagierte postwendend auf die Botschaft und war mit einigen Sätzen zur Stelle, schnappte zu und machte sich mit dem Geselchten im Maul auf und davon. Vergeblich versuchten Paul und Elsa die Verfolgung des Diebes, um ihm die Beute zu entreißen. Den Osterschinken konnten sie vergessen, den verzehrte der Hund, der sich keine Gedanken darüber machte, wieso er zu dieser unverhofften Freude gekommen war. Jedoch nicht der Missetäter, sondern Paul bekam von Frauchen Schelte wegen seiner Ungeschicklichkeit. Der Verdruss wurde nicht geringer, als die beiden sich mit den Pellkartoffeln beim Ostermahl begnügen mussten. Eigentlich ist es für Katholiken eine Sünde, wenn sie am Ostersonntag fasten, aber an diesem Fest hatte nicht nur die Sonne Grund zum Lachen. Auch Elsa und Paul versöhnten sich schließlich miteinander und mit ihrem Missgeschick, nachdem sich ihr Groll in zunehmender Heiterkeit aufgelöst hatte.

Nun stand noch der Nachmittag des Ostersonntags bevor. Als Höhepunkt des Programms war der Besuch des Pfarrers, Monsignore Konrad Fürchtegott, angesagt. Für den ehrenwerten Gast wurde schon am Vortag ein Biskuit-Osterlamm gebacken und erlesener Wein aus dem eigenen Keller eingekühlt, der nach dem Kaffee offeriert werden sollte. Alles war für ein geselliges Beisammensein bestens durchdacht und vorbereitet, die einzige „Unbekannte" in der Kalkulation war jedoch Teddy. Elsa redete ihm ins Gewissen, sich gegenüber dem geistlichen Herrn sittsam und wohlerzogen zu verhalten, und versprach ihm einige Leckerbissen als Belohnung, damit der Nachmittag nicht zur Blamage werde. Den Hund wegzusperren hatte wenig Sinn, denn er hätte in Kürze die Einrichtung seines Gefängnisses in Einzelteile zerlegt und sein Gebell hätte eine friedliche Unterhaltung unmöglich gemacht. Also war es das Beste, Teddy gleich zu Beginn dem Besucher vorzustellen, damit sich beide aneinander gewöhnen konnten. Der Mann im schwarzen Gewand war dem sonst so leutseligen Hund nicht ganz geheuer, als er das Haus betrat, und beschnupperte ihn misstrauisch. Die vorsichtige Distanz beruhte ganz auf Gegenseitigkeit, auch Monsignore verhielt sich eher abwartend und blieb auf der Hut. Umso erstaunlicher war es, dass Teddy sich alsbald zu Füßen des Gastes legte und ihn aufmerksam beobachtete, als hätte er den Auftrag, ihn nicht aus den Augen zu lassen und auf ihn aufzupassen. Nach dem ersten Smalltalk servierte Elsa den Kaffee und das Osterlamm, was Teddy dazu veranlasste, sich zu erheben, um an dem Mahl teilzunehmen. Jetzt sprach der eher wortkarge Paul ein Machtwort und gebot Teddy, das Betteln zu unterlassen und sich auf den Boden zurückzuziehen, wie es sich für einen anständigen Hund zieme. Überraschenderweise gehorchte dieser erstmals, was auf die Anwesenheit des Respekt einflößenden Geistlichen zurückzuführen sein mochte. Elsa und Paul genossen innerlich den pädagogischen Erfolg und waren guter Dinge, bis sich die Katastrophe ereignete. Teddy wollte die Demütigung vor dem Fremden nicht einfach auf sich sitzen lassen und revanchierte sich auf eine nicht sehr elegante Weise. Der Pfarrer verspürte allmählich ein wohliges Gefühl auf seinen Füßen, es wurde ihm seltsam warm in seinen Socken und zugleich vermeinte er, in einer Pfütze zu stehen. Das Malheur war geschehen, denn Teddy hatte sich für die Ausgrenzung von der gemeinsamen Tafel mit einem subtilen Anschlag bitter gerächt. Die Waffen seiner Intelligenz hatten die Ignoranz der Menschen geschlagen und seine Gebieter ebenso wie die Geistlichkeit in höchste Verlegenheit gebracht. Doch Monsignore ließ seine Füße trockenlegen, bekam ein Paar frische Socken von Paul und war bester Laune, nachdem ihm der trockene Wein des Hauses ausgezeichnet mundete. So stellte sich der *Risus Paschalis* im Hause ein und der Friede war wiederhergestellt. Teddy allerdings wurden seit diesem Fußbad, wenn sich Besuch ankündigte, zur Sicherheit Windeln verpasst.

*Selten bekomme ich eine Resonanz auf eine Predigt zu hören. Möglicherweise liegt es daran, dass die Gläubigen die geistige Kost erst verdauen müssen oder das Gehörte nicht in ihrem Gedächtnis geblieben ist oder sie sich nicht herausgefordert fühlen. Anders war dies nach einer Marien-Andacht im Mai.*

### WAS WILLST DU VON MIR, FRAU (Johannes 2,4)

*Habe auch ich mich gefragt*

Frau Sittich war eine treue „Tempeldienerin". Täglich kam sie zur Kirche und feierte die Gottesdienste mit, oft und gerne stellte sie sich als Lektorin zur Verfügung. Seit sie in Pension war, hatte sie auch endlich mehr Zeit dafür. Als sie noch aktiv gewesen war, führte sie eine Wäschehandlung. Diese gehörte keiner Kette an, sondern trug noch den Namen der vorherigen Inhaberin, der traditionsbewusst über der Auslage zu lesen war. Der eingesessene Familienname bürgte für Qualität. Frau Sittich führte auch nur beste Ware von Bettüberzügen bis zur Unterwäsche. Erotische Dessous hatte sie nicht in ihrem Sortiment, denn sie war eine solide und sittsame Geschäftsfrau. Schon ihr Nachname legte die Assoziation mit sittlich nahe und passte ganz zu ihrem Charakter. Ihr Kundenstock bestand ohnedies vornehmlich aus Damen und Herren, deren Konfektionsgrößen nicht mehr für das Tragen von Reizunterwäsche geeignet waren. Außerdem hatte jede und jeder in dem kleinen Geschäft mitbekommen, was über den Ladentisch ging. Die Artikel von Frau Sittich waren jedoch ausnahmslos unverfänglich. Als ich einmal Leintücher bei ihr kaufte, verwies sie, laut genug, damit alle im Raum es auch gleich hören konnten, auf ein besonders günstiges Angebot in ihrer Kollektion: „Schöne Herren-Nachthemden hätte ich für Sie, Herr Mauritius, jetzt um 20 Prozent billiger." Ein wenig war mir die Schamröte ins Gesicht gestiegen, da ich vor den Kundinnen, einigen älteren Damen, etwas sehr Privates preisgeben musste. „Nein danke, ich trage keine Nachthemden.", lehnte ich höflich ab. Bevor ich bezahlte, rechnete sie mir korrekt die Posten vor und gab mir die obligatorischen drei Prozent Skonto.

Sie war eine überaus gewissenhafte Frau und übte mit Hingabe ihren Beruf aus. Nach Geschäftsschluss gab sie sich einer anderen Leidenschaft hin, die ihrem Namen Sittich auf besondere Weise Ehre machte. Als Mitglied eines hiesigen Gesangvereins besuchte sie regelmäßig dessen Proben und nahm an den Aufführungen des Chores teil. Ihr Tremolo in der Stimme erinnerte tatsächlich an den melancholischen Gesang eines Vögelchens. Im Mai ging sie selbstverständlich in die abendlichen Marien-Andachten in der Stiftskirche, wo sie die beliebten Lieder andächtig und gefühlvoll mitsang. In einer dieser Feiern hatte ich über die bekannte Stelle im Johannes-Evangelium vom Wandlungswunder bei der Hochzeit zu Kana zu predigen. Der Evangelist erzählt darin, wie die Mutter Jesu mit den Worten „Sie haben keinen Wein mehr." den Meister darauf aufmerksam macht, dass die Hochzeitsgäste bald im Trockenen säßen, was für das Brautpaar eine riesige Peinlichkeit wäre. Etwas enerviert, wie das oft so ist, wenn Mütter von ihren Söhnen etwas wollen, gibt ihr Jesus die schroffe Antwort: „Was willst du von mir, Frau? Meine Stunde ist noch nicht gekommen." Es ist nicht einfach für den Prediger, den Marienverehrerinnen die doch ein wenig respektlos klingende Art des Gottessohnes gegenüber seiner Mutter zu erklären, aber ich konzentrierte meine Ausführungen an jenem Abend auf den Durst der Menschen nach Freude und Erfüllung. In einer Randbemerkung wies ich auch darauf hin, dass Menschen manchmal zur Sucht neigen, ohne ihren Durst wirklich stillen zu können.

Bei schönem Wetter versammelt sich die Gemeinde nach dem Gottesdienst noch auf dem Kirchenplatz, um zu plaudern oder vielleicht die Predigt gemeinsam zu reflektieren. Frau Sittich hatte dies offenbar bereits in der Kirche getan und sprach mich geradewegs darauf an. „Sie haben mich gemeint!", stellte sie mich zur Rede, worauf ich betroffen entgegnete, sie möge mir den Sachverhalt doch genauer erklären. Also schilderte sie mir, dass einige ihrer Nachbarinnen sie für eine Trinkerin hielten, weil sie sie beim Entsorgen leerer Flaschen in einen Container beobachtet und über sie getuschelt hätten. Sie hätte von ihren Augen und ihrem hämischen Grinsen genau ablesen können, was sie in diesem Augenblick über sie redeten. Ich versuchte sie zu beruhigen, indem ich beteuerte, niemals von diesem Gerücht gehört zu haben und auch nie jemanden in einer Predigt offen auf ein persönliches Problem ansprechen würde, von dem andere Anwesende wüssten. Als ich dann noch verständnisvoll hinzufügte, „Wenn Sie hin und wieder ein Gläschen trinken, dann schadet das überhaupt nicht, im Gegenteil ...", unterbrach sie mich empört mit den Worten: „Aber ich trinke doch keinen Tropfen Alkohol!" Ich merkte, dass sich durch meine Argumente die Stimmung nur verschlechterte, und sagte zum Schluss nur mehr: „Gott weiß, dass Sie unschuldig sind." Die Reaktion auf meine offensichtlich so provozierende Predigt hat mir damals sehr zu denken gegeben und deshalb entsorge ich seither meine leeren Weinflaschen stets möglichst unauffällig.

*Sie sind alle bereits erwachsen und großteils selbst schon Eltern, die Ministrantinnen und Ministranten von Anno dazumal, als ich Kaplan in der Stiftspfarre war. Ob sie sich noch gerne an diese Zeit erinnern? Manchmal kommen mir die „Abenteuer" der Ministranten-Ferienwochen wieder in den Sinn.*

### UNTERNEHMEN „FITZCARRALDO" UND NOCH MEHR ABENTEUER

*Erinnerungen an meine Pionierzeit in der Seelsorge*

Am Ende meines ersten Kaplansjahres in der Pfarre Herzogenburg im Sommer 1993 organisierte ich eine gemeinsame Ferienwoche der Mädchen und Buben, die das Jahr über ihren Dienst am Altar versahen. Zusammen mit einigen Eltern traf ich die nötigen Vorbereitungen und erstellte ein Programm. Es sollte eine entspannte und erholsame Zeit in angenehmer Umgebung werden. In Donnerskirchen im Burgenland wollten wir dieses Vorhaben verwirklichen, der dortige Pfarrer stellte uns einen großen Stadel hinter dem Pfarrhof als Unterkunft zur Verfügung. Der Neusiedlersee, die Attraktion der Region, liegt in der Nähe, zwar nicht nahe genug, um ihn zu Fuß bequem zu erreichen, aber in anderer Hinsicht wieder „spürbar" nahe. Am ersten Abend nach unserer Ankunft beschloss ich, mit Willi, der mit seiner Frau Waltraud und ihren beiden Kindern mitgekommen war, das Lager für kurze Zeit zu verlassen und anderen die Aufsicht anzuvertrauen, bis alle zur Ruhe gekommen waren. Inzwischen wollten wir den Ort ein wenig erkunden und fanden, angetrieben durch unseren Durst, schnell ein geeignetes Objekt, ein stattliches Wirtshaus mit einem einladenden Gastgarten.

Die Ruhe tat gut und wir freuten uns schon auf das erste Bier, wunderten uns aber, weshalb niemand anderer außer uns diesen idyllischen Ort genießen wollte. Noch ehe der Kellner unsere Getränke brachte, wurde uns der Grund der Verlassenheit bewusst und war das Ende des Friedens angebrochen. Ein Geschwader von Kampffliegern, ihres Zeichens Stechmücken, die von ihren Stützpunkten im Schilf aufgestiegen waren, fiel plötzlich über uns ein. Wir konnten uns dessen kaum erwehren, dazu begünstigte die sommerliche Kleidung die Kriegsführung der Gelsen, die an unseren Körpern eine breite Angriffsfläche vorfanden. In ununterbrochener Verteidigung gegen die Insektenstiche versuchten wir, unsere Biere so schnell wie möglich auszutrinken und zu bezahlen. Ohne einen Gedanken an ein zweites Krügel zu verschwenden, verließen wir fluchtartig das Gelände und kehrten reumütig in die sichere „Kaserne" zurück. Dort allerdings erwartete uns eine lärmende Kinderschar, die der Autorität eines Kompaniekommandanten bedurft hätte. Nachdem es uns gelungen war, die Schallmauer zu durchbrechen und die aufgebrachte Menge zu zähmen, kehrte langsam die nächtliche Ruhe ein.

Wir lernten den Neusiedlersee jedoch auch von seiner schönen Seite kennen. An einem Tag begaben wir uns mit unseren PKWs nach Rust, um dort auf Tretboote umzusteigen. Eine Bootsfahrt wird mit der Zeit eintönig, wenn sich auf hoher See nichts ereignet, und so kamen einige der Burschen auf die Idee, sich in die Rolle von Piraten zu begeben und die Besatzungen anderer Boote zum Kampf zu provozieren. Das Scharmützel endete, indem ein Matrose über Bord ging. Nachdem der See nicht gerade tief ist und jener ein guter Schwimmer war, bestand keine Lebensgefahr, nur seine Brille, die er beim Gefecht verlor, konnte nicht schwimmen. Sie ruht seither auf dem schlammigen Grund des Pannonischen Meeres oder dient einem kurzsichtigen Fisch als Sehhilfe.

Zum Wasser führte auch das Ferienlager im darauffolgenden Jahr. Diesmal lag die Donau in der Nähe des Camps, das wir in einer Baracke der Köngstettner Pfadfinder aufschlugen. Von dort aus brach ich mit der Gruppe zu einer Urwaldexpedition auf. In Muckendorf an der Donau bestiegen wir drei Kanus, mit denen wir den Strom an das nördliche Ufer übersetzten. Wir hatten einen Guide als Begleiter, der sich in einem der Boote befand, die beiden anderen wurden jeweils von mir und einem weiteren Erwachsenen kommandiert. Vorerst drehte sich mein Boot nur im Kreis, bis ich die Mannschaft endlich überzeugt hatte, wie sie die Ruder einsetzen musste, damit wir uns in die gewünschte Richtung bewegten. Am gegenüberliegenden Gestade erwartete uns ein Damm, da wir uns im Stauraum eines Kraftwerkes befanden. Ich wollte es erst nicht glauben, aber wir mussten gemeinsam unser Boot über dieses Hindernis hieven, um in die dahinterliegende Au zu gelangen. Ich fühlte mich in diesem Augenblick wie der Filmheld „Fitzcarraldo", der es wie ein Besessener unternahm, einen alten Flussdampfer durch den Amazonas-Dschungel zu schleppen. Die Belohnung für unsere enorme Anstrengung war jedoch beglückend. Nur wenige Kilometer von der Zivilisation entfernt waren wir in ein unberührtes Naturreservoir vorgedrungen, das uns all seine Schönheit und eine wahrhaft abenteuerliche Atmosphäre bot. Am Ende der Expedition hieß es dann wieder, die Boote über den Damm zu ziehen und zurück zu rudern. Die Nachtruhe im Lager war dafür von tiefem Schlaf erfüllt und blieb völlig ungestört.

Das Ziel im Jahr darauf war Waldenstein im Waldviertel. Der Pfarrer hatte uns großzügig sein Pfarrheim überlassen, das sich gleich neben dem Gotteshaus befindet, einer Wallfahrtskirche mit einem besonderen Glockenspiel. Der Glockenschlag war denn auch während der Nacht deutlich zu hören und man musste sich daran erst gewöhnen. Der Pfarrer hatte sich die Zeit genommen und führte die Schar eines Tages auf den Turm hinauf, um mit Stolz das Geläute seiner Kirche zu präsentieren. Erstaunlich war schon, wie der alte Herr im Talar die Treppen und Leitern flink hinaufkletterte, als wäre er ein Eichhörnchen. Die Leidenschaft für seine Glocken hatte ihm sicher die Antriebskraft dazu verliehen. Im Glockenstuhl angelangt begann er mit der eigentlichen Darbietung, mit der er sein Publikum faszinierte. Er führte die Klänge einzeln vor wie die Register einer Orgel und gab Kostproben der Melodien, die durch die Hammerschläge ertönten. Schließlich drehte er voll auf wie beim Tutti im Orchester, sodass aus dem Schaltkasten die Funken sprühten und das Gebälk im Turm zu beben begann. Nicht nur die Kinder waren ergriffen, sondern ganz besonders hatte der schrullige geistliche Herr einen riesigen Spaß dabei.

Und wieder tauchte am Horizont ein Geschwader auf, aber diesmal waren es keine bedrohlichen Flugobjekte, sondern „fliegende Kisten", die von der Nachbargemeinde Weißenalbern starteten, sich zum Himmel emporschraubten und Fallschirmspringer ausspuckten, um sie zur Erde schweben zu lassen. Auf dem Wasser hatten wir bereits einige Erfahrung, aber für die Eroberung des Luftraums waren wir noch nicht geübt. Somit blieben wir Zuschauer in der Entfernung. Tags darauf versetzte ein Storch, der auf dem Kirchturm gelandet war, die Kinder in helle Aufregung. Hatte der sich etwa aus dem Burgenland hierher verirrt? Ich hoffte nicht, dass dies ein Omen und mir etwas auf dem Lager entgangen wäre, schließlich war ich für die jungen Leute verantwortlich, unter denen sich auch einige Halbwüchsige befanden. Doch die Befürchtung erwies sich als unbegründet. Es gibt Ereignisse, die wir nicht geplant und produziert haben, sie werden uns einfach zuteil und bleiben manchmal auch in schöner Erinnerung.

*Wirtschaftliche Motive sind vielfach ein Grund für Migration,*
*aber es gibt noch eine andere starke Anziehungskraft:*

**„DIE LIEBE LOCKTE DEN LENZ" (Richard Wagner, Die Walküre)**

*Eine Erzählung, die nicht ganz frei erfunden ist*

Mizzi und Anni waren Zwillingsschwestern. 1935 kamen sie im südburgenländischen Marktflecken Rechnitz zur Welt. Die erste war Mizzi, getauft auf den Namen Maria. Aber nachdem der Name häufig vorkam, waren solche Koseformen zur Unterscheidung oft gebräuchlich. Überraschenderweise folgte wenig später ein zweites Mädchen; damals wusste man noch nicht so Bescheid über das entstandene neue Leben im Leib der Mutter. Bei zwei ist es dann aber geblieben. Anna oder Anni, wie sie gerufen wurde, gab sich jedoch schon bald nicht damit zufrieden, dass sie an zweiter Stelle rangieren sollte, und war daher zeitlebens bemüht, die Nase vorne zu haben und stets etwas kühner und draufgängerischer zu sein als ihre erstgeborene Zwillingsschwester. So zum Verwechseln ähnlich sie einander auch waren, so gab es zwischen beiden immer ein gewisses Konkurrenzverhältnis, das sich schon in der Kindheit zeigte. Anni war meistens etwas dreister und hatte eine gewisse Raffinesse. Bezeichnend dafür ist folgendes Ereignis. Mizzi ging mit einem Bekannten ins Kino und wurde nach der Filmvorführung am Ausgang von einem Burschen, der ziemlich aufgeregt wirkte, angehalten und vorwurfsvoll zur Rede gestellt, was sie sich denn einbilde, ihn einfach so zu versetzen. Mizzi, die den jungen Mann nur flüchtig kannte, klärte die offensichtliche Verwechslung auf. Ihre Zwillingsschwester hatte sich schlau aus der Affäre gezogen und sich unterdessen auf andere Weise einen vergnüglichen Abend bereitet. Und so wusste sie immer wieder, die frappante Ähnlichkeit zu ihrem Nutzen auszuspielen.

Als junge Erwachsene gingen sie dann sehr verschiedene Wege. Mizzi war nach Absolvierung der Nähfachschule und einigen Berufsjahren in einer örtlichen Schneidereiwerkstatt in einem Modesalon in der Seilerstätte in Wien eingetreten. Anni erlernte den Beruf der Friseurin, lebte zunächst im elterlichen Haus und arbeitete einige Jahre in heimischen Betrieben, bis sie schließlich vom Fernweh gepackt wurde. Aber sie begnügte sich nicht damit, etwa ihrer Schwester in die Wienerstadt zu folgen, sie zog es noch viel weiter fort. Inzwischen hatte sie nämlich brieflichen Kontakt mit einem Auswanderer österreichischer Provenienz in Australien aufgenommen. Dieser hatte in einer hiesigen Tageszeitung zwecks Briefbekanntschaft annonciert, da in der fremden neuen Heimat das Angebot an heiratswilligen jungen Frauen anscheinend nicht sehr groß gewesen war. Für einen Migranten waren die Chancen offenbar noch geringer, eine passende Braut zu finden. Die Lösung war, eine solche in der alten Heimat zu suchen und nachkommen zu lassen. Karl hieß der junge Mann aus Amstetten, der nun in Melbourne lebte und auf dessen Inserat Anni geantwortet hatte. Man wusste nicht viel voneinander, außer dem, was in den sehnsüchtigen Briefen geschrieben stand, und dem, was einem die beigelegten Fotografien verrieten. Anni hatte in einem Schreiben wie beiläufig die Existenz ihrer Zwillingsschwester erwähnt, wohl nicht ohne den Hintergedanken, auch für Mizzi eine Bekanntschaft einzufädeln. Junge Männer, besonders solche, die einem auch gefielen, waren nach dem Krieg eher eine Mangelware, denn zu viele waren von dort nicht mehr nach Hause zurückgekehrt. Und viele, die ihr Leben noch hatten, aber keine richtige Zukunftsperspektive, unter ihnen zahlreiche Burgenländer, waren in ferne Kontinente ausgewandert.

Auch einen Tiroler aus dem hintersten Paznauntal hatte es damals nach Australien verschlagen. Josef oder Pepi, wie ihn seine Landsleute anredeten, hatte die Alpengipfel Tirols mit den Snowy Mountains in New South Wales getauscht und war als gelernter Tischler bei einer Kraftwerksgesellschaft als Modellbauer beschäftigt. Zu seinem Glück fehlte nur noch eine Frau. Sein Freund Karl, den er in Australien kennengelernt hatte, half dem Glück ein wenig nach und zeigte ihm das Foto seiner Brieffreundin im Burgenland mit dem Hinweis, dass diese noch eine „unbemannte" Zwillingsschwester hätte. Vom Liebreiz der fernen Geliebten angezogen, von der es also noch ein Double gab, setzte sich der ansonsten nicht so schreibbegeisterte Josef hin und verfasste mit den schönsten Worten, die ihm einfielen, einen Brief, um eilends den Kontakt herzustellen, bevor ihm ein anderer Bewerber zuvorkam. Mizzi war etwas erstaunt, als auch sie Post aus Australien erhielt, fühlte sich aber durchaus geehrt. Besonders gefiel ihr der Name des Absenders; weniger sein Vorname, der nicht so außergewöhnlich war, vielmehr der etwas poetisch klingende Nachname Lenz, „so wie der Frühling", sagte sie lächelnd.

Allmählich war sie entschlossen, sich auf ein ebensolches prickelndes Abenteuer einzulassen wie ihre Schwester Anni. Diese hatte nicht mehr gezögert und begann bereits die Koffer für die Ausreise zu packen, für ein wahrhaft gewagtes Unternehmen. Als junges Mädchen um die Zwanzig, das noch kaum etwas von der Welt gesehen und Erfahrung hatte, machte sie sich allein auf den Weg bis an die andere Seite des Globus, um mit einem Mann zusammenzugehen, den sie noch nicht einmal richtig kannte. Sie ahnte nichts von den Strapazen der Schifffahrt, von den Gefahren bei der Durchquerung des Suezkanals während der damaligen Krise, von der Ruhr, an der sie an Bord erkranken würde, und dass sie bei der Ankunft im Hafen von Sidney völlig entkräftet sein würde. Aber sie dachte nie daran, aufzugeben und ihren Plan fallenzulassen. Erleichtert war die Familie in der Heimat, als sie gute Nachrichten von Anni erhielt und erfuhr, dass sie wohlauf und im Begriff war, ihren Brieffreund Karl zu ehelichen. Als Trauzeuge sollte sein Freund Pepi fungieren, der nur allzu gern auch die Zwillingsschwester persönlich kennengelernt hätte. Aber die Eltern, die zu jener Zeit vor allem bei Töchtern noch mehr zu sagen hatten, verbaten Mizzi wegzugehen, denn sie wollten nicht auch sie „verlieren". Sie bestanden darauf: „Wenn dieser Mann dich wirklich heiraten möchte, dann soll er nach Österreich zurückkommen."

Und so geschah es denn auch. Josef nahm seine gesamten Ersparnisse zusammen und kaufte sich eine Fahrkarte für eine Schiffsreise um die halbe Welt. Diesmal reiste er nicht als Migrant, sondern als Tourist, der etwas sehen und sich etwas gönnen wollte. Zu sehen war auf der Überfahrt außer den Fidschi-Inseln und der Insel Tahiti, wo der Luxusliner angelegt hatte, nur die unendliche Weite der Ozeane. Über den Pazifik, den Panamakanal und den Atlantik erreichte er schließlich Europa. Mit einem Schatz an neuen Erfahrungen und zahllosen Fotos im Gepäck in England angekommen, verwendete er noch restliches Geld, um sich einzukleiden. Dann folgte der spannendste Teil der Reise, als er sich mit der Eisenbahn in Richtung Kontinent bis nach Wien begab. Von Land zu Land und von Stadt zu Stadt nahmen die erwartungsvollen Gedanken und Gefühle zu. Nicht minder erwartungsvoll war Mizzi und mit ihr die Familie und alle Nachbarn und Bekannten im burgenländischen Rechnitz gewesen. Nur aus dem Kino kannte man solche Handlungen, in denen ein zu Vermögen gekommener Mann in die Heimat zurückkehrt, ein junges Mädchen vom Land heiratet und alle mit Freude und Glück beschenkt. Mit dieser Vorstellung also sollte er bei seiner Ankunft in Rechnitz empfangen werden.

Zuvor aber wurde er von seiner zukünftigen Braut Mizzi am Bahnsteig des Wiener Westbahnhofs in Empfang genommen. Da sie ihn nur vom Foto kannte, konnte er jeder von den jungen Männern sein, die aus den Waggons stiegen. Erst als letzter verließ Josef umständlich mit einem schweren Koffer und in Mantel und Hut gekleidet, die ihm beide viel zu groß waren, den Zug. Er war ganz anders, als sie ihn sich vorgestellt und erträumt hatte; ein wenig enttäuscht, unsicher und verlegen näherte sich Mizzi dem Ankömmling, das Herz schlug ihr bis zum Hals. Sie begrüßten einander und ihr erster Gedanke war: „Mit dem lasse ich mich zu Hause nicht blicken!" Am Südbahnhof wartete der Zug, mit dem sie in Richtung Südburgenland fahren sollten, und beinahe wäre Mizzi ihren Begleiter wieder los geworden, nachdem er in den falschen Zug eingestiegen war. Als der sich plötzlich in Bewegung setzte, blieb sie auf dem Bahnsteig zurück und wollte ihm noch nachwinken, doch Pepi sprang unter Einsatz des Lebens von der Plattform, was bei heutigen Zuggarnituren unmöglich wäre. Wie ein Bumerang kam er zurück und die beiden begaben sich nun wieder vereint auf eine schier endlose Fahrt ins tiefe Pannonien. In derselben Zeit konnte man wohl den halben Weg nach Australien zurücklegen. Aber das kam Mizzi sehr gelegen, denn wenn sie erst bei Dunkelheit in Rechnitz einträfen, würde ihre Ankunft hoffentlich unbemerkt bleiben.

Am burgenländischen Zielbahnhof nahe der ungarischen Grenze wartete zwar keine Musikkapelle und es war kein roter Teppich zur Begrüßung ausgerollt, aber die ganze Sippschaft hatte sich eingefunden, um das Traumpaar einzuholen und nach Hause zu begleiten. Das Ereignis musste doch gebührend gefeiert werden. Die Zeiten waren nicht rosig in den Jahren nach dem sinnlosen verlorenen Krieg, viel war zerstört worden und der Wiederaufbau war mühsam und kostete große Anstrengungen, aber den Frohsinn und die Lebenslust hatten die Menschen nicht verloren. Weil er in Australien gewesen war, meinte man zunächst, Josef mit Joe ansprechen zu müssen. Der Fremde, der scheinbar aus einer anderen Welt kam und doch einer der Ihren war, wurde als wohltuende Bereicherung empfunden. Er selbst war auch der einzige Reichtum, den er mitgebracht hatte. Es war im Winter des

Jahres 1958, als der Lenz, der Frühling, in einem südburgenländischen Ort Einzug gehalten hatte. Nach wenigen Tagen wurde Verlobung gefeiert und die Hochzeit vorbereitet, die bereits drei Monate später stattgefunden hatte. Das Wetter am Tag der Vermählung in der Pfarrkirche zur hl. Katharina war alles andere als frühlingshaft, es regnete in Strömen. Und auf dem Film in der Kamera war nichts zu sehen, denn die Fotos waren unterbelichtet. Aber das Glück des Brautpaars hing nicht davon ab, denn die Erinnerung ist lebendig geblieben. Ein Traum lässt sich ohnedies nicht festhalten oder wiederholen, man kann ihn nur weitererzählen.

*Die kirchliche Trauung erfreut sich bei der jüngeren Generation wieder größeren Zuspruchs. Vielleicht haben bestimmte Spielfilme etwas dazu beigetragen, sie könnten zumindest Pate gestanden sein bei so mancher Hochzeitsinszenierung.*

### DIE ANKUNFT DER SCHWÄNE

*Erlebnisse eines Priesters in Heiratsangelegenheiten*

Die spannendste Anfahrt zu einer Hochzeit habe ich erlebt, als ich mit der Bahn von Herzogenburg nach Klagenfurt fahren musste. Wie mich das Brautpaar bereits vorgewarnt hatte, haben Züge auf der Südbahnstrecke nicht selten Verspätungen. Also wählte ich die frühest mögliche Verbindung, um einen zeitlichen Polster zu haben. Als ich im Zug von St. Pölten Richtung Wien saß, verlor ich bereits wertvolle Zeit, nachdem es mitten im freien Feld einen Zwischenstopp gab, der bloß einige Minuten dauerte, die mir jedoch für den Anschluss in Wien-Meidling fehlten. Der Schnellzug nach Venedig hatte nicht gewartet und so stieg ich in den nächstbesten Zug, der sich gegen Süden bewegte. Zu meiner Beruhigung und vor allem zu der des Brautpaars, das mich noch ahnungslos in Maria Wörth erwartete, erkundigte ich mich bei der Zugbegleiterin, ob ich mich auf die Pünktlichkeit der Bahn verlassen könne, da ich zu einer Hochzeit anreisen müsse. Diese entgegnete gelassen: „Die heiraten auch ohne Sie.", worauf ich ihr zu verstehen gab: „Nein, das tun sie nicht, weil ich der Traupriester bin.", was sehr zur Erheiterung einiger Mitreisender beitrug. Nach einer langen Fahrt in Bummelzügen kam ich erleichtert und noch zeitgerecht in Klagenfurt an. Um die Nerven der Braut zu schonen, erfuhr sie erst jetzt von meiner Odyssee. Während des Sektempfangs im Garten des Restaurants nach der Trauung spielte eine Band bezeichnenderweise den Song „The Bundesbahn-Blues" von Gerhard Bronner mit dem treffenden Text „Oh, I was traverlling through this country".

Verzögerungen bei der Anfahrt haben neuerdings jedoch vor allem Bräute. Auf meine Frage, wann man mit der Ankunft seiner Braut rechnen könne, antwortete der zukünftige Ehemann, der mit seiner Mutter allein vor dem Portal der Walpersdorfer

Schlosskapelle stand, dass sie versteckt sei. Ich war zugegeben etwas verwundert über diese Vorstellung, doch in der Tat trat die weiß gekleidete Braut, von vier jungen Damen in duftigen türkisfarbenen Kleidern gefolgt, elegant wie eine Prima Ballerina aus einem Vorhang hervor auf die „Bühne". Es ist ein Teil der Dramaturgie, dass die Braut den Bräutigam vor dem Altar bewusst warten lässt wie einen, der auf dem Bahnsteig sehnsüchtig einen verspäteten Zug erwartet. Nicht nur er, sondern auch der Priester wird manchmal bis zu ihrem Erscheinen schon etwas ungeduldig. Die Dame genießt allerdings ihren großen Auftritt, sodass man sich fragt, welche Rolle eigentlich der Herr in diesem Stück spielt. Fast wäre ich in dieser Situation versucht, in Erinnerung an den Sänger Leo Slezak in Wagners „Lohengrin" zum Bräutigam zu sagen: „Wenn Ihr Schwan nicht kommt, nehmen Sie doch den nächsten."

Auch die Musik spielt bei einer Trauung natürlich eine höchst bedeutende Rolle, das Repertoire der nichtkirchlichen Stücke ist dabei sehr umfangreich. Vom Hochzeitsmarsch aus dem bereits zitierten „Lohengrin" oder Mendelssohns „Sommernachtstraum" bis zum Herzen, das ein „Bergwerk" ist, findet sich Vieles, was wie ein roter Teppich vor dem Paar ausgebreitet wird, auf dem es selig einherschreiten kann. Ein musikalisch äußerst bewanderter junger Mann, Mitarbeiter bei einem renommierten Festival, hatte zur Gestaltung seines Trauungsgottesdienstes aus dem dortigen Ensemble einige Musikerinnen und Musiker engagiert, die klassische Stücke vom Feinsten darboten. Unter anderem hörte man aus Mozarts „Don Giovanni" passender Weise das bezaubernde Duett „Là ci darem la mano" (Reich mir die Hand, mein Leben), in dem es darum geht, dass der Protagonist und Frauenheld Don Giovanni dem Masetto, einem „Bauerntölpel", wie er ihn nennt, seine frisch vermählte Braut Zerlina ausspannen möchte. Den Opernkenner hat dieser Umstand bei seiner Vermählung offenbar nicht gestört. Ein anderer Bräutigam hatte vielleicht genauer auf den Text geachtet, als er sich für Beethovens Chor nach Schillers „Ode an die Freude" aus dessen 9. Symphonie entschied, in der es heißt: „Seid umschlungen Millionen". Wahrscheinlich dachte er an das große Vermögen, in das er einheiraten würde.

Joseph Haydn hat den Brautpaaren übrigens auch ein kompositorisches Denkmal gesetzt in seiner Musik zum Schauspiel „Il distratto" (Der Zerstreute). Darin geht es um einen Mann, der so durcheinander und vergesslich ist, dass er sich nicht einmal seinen Hochzeitstermin merken konnte und, dass er der Bräutigam ist. Er weiß sich jedoch mit einem altbewährten Mittel zu helfen, indem er einen Knopf in sein Taschentuch macht. Hoffentlich besitzt er Gewissheit darüber, dass die Frau neben ihm auch tatsächlich die Braut ist, die er ehelichen möchte. Die Brautleute sollten sich in jedem Fall genauestens ansehen und aufmerksam prüfen, bevor sie sich mit welcher Begleitmusik auch immer entschließen, ein Leben lang miteinander glücklich zu sein. Sonst könnte es einem so ergehen, wie einem guten Freund von mir, den ich dereinst am Pöstlingberg getraut habe. Seine Braut hatte von ihm verlangt, bei der Hochzeit seine Brille nicht aufzusetzen, aus optischen Gründen, versteht sich. Als er die Brille wieder getragen hat, sind ihm die Augen aufgegangen und es ist ihm einiges klar geworden; die Ehe hat nicht lange gedauert.

Kluge Architekten haben es verstanden, das Sonnenlicht in ihre Bauten miteinzubeziehen. In Kirchen können wir das recht eindrucksvoll erleben, wenn die Sonnenstrahlen an einem ganz bestimmten Tag durch ein Fenster in den Raum einfallen und eine besondere Stelle erhellen. Oft ist es ein Datum, das von religiöser Bedeutung ist. Voraussetzung ist natürlich, dass der Himmel zu dieser Zeit nicht gerade bewölkt ist. Für Brautpaare ist das Wetter auch nicht unerheblich, alle wünschen sich einen strahlend blauen Himmel an ihrem Hochzeitstag. Nur leider ist die Meteorologie noch nicht so weit, um das Wetter so langfristig vorhersagen zu können, damit es für die *Wedding-Planner* keinen Unsicherheitsfaktor darstellt. Ein besonders kreatives Paar hatte jedoch die Idee, den Zeitpunkt der Heirat nach dem Sonnenstand zu richten. Bevor es mit dem Trauungspriester die genaue Uhrzeit vereinbarte, forschte es nach, ob und wann das Licht der Sonne gleich den Strahlen eines Scheinwerfers den Platz ihrer Vermählung beleuchten würde. Nach zahlreichen „Proben" kamen sie zu der Erkenntnis, dass die Lichtverhältnisse am günstigsten im Winter waren, wenn die Abendsonne durch das Westfenster der Kirche herein strahlte. Allerdings hatten sie dann die Sonne im Rücken und erst, wenn sie sich zum Auszug umwendeten, wären sie von deren rötlichem Licht erfüllt. Nachdem diese Bedingungen für eine Heirat nicht optimal erschienen, suchte das Paar nach einer anderen Kirche. Dem Pfarrer war nicht bekannt, ob und wann die beiden schließlich die gewünschte Erleuchtung gefunden haben.

Bei einem Cousin und seiner Frau in Tirol wäre es beinahe gar nicht zur Hochzeit gekommen. Das erfuhr ich, als ich das Brautpaar vor der schmucken Dorfkirche in St. Jakob bei Fieberbrunn begrüßte. Im Vorfeld der Hochzeit gibt es zumeist einen sogenannten Polterabend. Zu diesem hatten die Eltern des Bräutigams die engsten Verwandten und Freunde der Familien zu sich eingeladen. Um sich für den bevorstehenden Festtag zu stärken, wurde für die Gäste eine kräftige würzige Suppe zubereitet. Der Onkel, ein passionierter Hobbykoch, ging zu diesem Zweck in den Gemüsegarten, um frische Kräuter ins Haus zu holen. Da es bereits dunkel war, bemerkte er nicht, dass er anstelle des gewünschten Liebstöckels, das für den Anlass eine besondere Symbolkraft hatte, irrtümlich ein anderes Gewächs erwischte. Die Verwechslung war jedoch folgenschwer, denn er hatte zum hochgiftigen Eisenhut gegriffen. Für alle, die von der Suppe gegessen hatten, endete der Polterabend mit einem Ausflug ins Krankenhaus, wo ihnen der Magen gespült werden musste. Zum Glück hatten die Opfer inklusive des Brautpaars den „Giftanschlag" überlebt und konnten am nächsten Tag die geplante Hochzeit feiern. Sie durften jedoch den ganzen Abend keinen Alkohol trinken. Dieses Los hatte mich nicht getroffen, nachdem ich nicht in den Genuss des Polterabends gekommen war. Für mich kam die Pointe erst zum Abschluss des Tages, als ich mich in das Haus von Tante und Onkel zum Schlafen zurückziehen wollte. Gute Freunde hatten, um den Neuvermählten einen Streich zu spielen, die Haustür mit Holzscheiten verbarrikadiert, als hätten diese nicht schon genug an Überraschung erlebt. Sie ahnten jedoch nicht, dass ich die Arbeit des Wegräumens für sie erledigen durfte.

Zum Abschluss möchte ich noch etwas Fröhliches berichten. Lustig wird es bei einer Hochzeit ja meistens erst nach der Kirche. Und so habe ich bei einer Hochzeitstafel einen originellen Brauch kennengelernt, den Gäste aus Dänemark eingeführt hatten. Wenn die Braut oder der Bräutigam die Tafel verlässt, nützen die Anwesenden die Gelegenheit, um auf den verbliebenen Ehegatten hin zu stürmen und ihn oder sie zu küssen, bis der andere Teil zurückgekehrt ist. Ich folgte dem Herdentrieb und schloss mich der dänischen Sitte an. Allmählich überriss ich dann, dass ich der einzige Mann war, der auch den Bräutigam küsste. So ist es eben, wenn man die Spielregeln nicht genau kennt. Es erübrigt sich zu erwähnen, weshalb gegenwärtig dieser Brauch nicht ausgeübt werden darf.

*An den Aufklebern an Fahrzeugen lässt sich Vieles ablesen,*
*wie die Zugehörigkeit zu einem Verein, die Vorliebe für einen bestimmten Sportklub*
*oder einen Urlaubsort, ein politisches Bekenntnis u.v.a.m.*
*Oftmals ist folgender Hinweis zu lesen:*

### *„BABY AN BORD!"*

Entbindungen ereignen sich manchmal unter außergewöhnlichen Umständen. Als mir jemand von der glücklichen Niederkunft einer Schwangeren in einem Straßengraben berichtete, nachdem das Rettungsauto auf der Fahrt zum Krankenhaus verunglückt und von der Straße abgekommen war, war ich doch ziemlich über diesen nicht alltäglichen Geburtsort erstaunt. Wie ein Philosoph bemerkt hat, werden wir Menschen in die Welt hineingeworfen. In diesem Fall ist das tatsächlich zugetroffen. Dass das Leben sowohl steil bergauf als auch bergab gehen kann, hat jemand anderer zumindest unbewusst erfahren, noch bevor er das Licht der Welt erblickte. Was ein Baby vor seiner Geburt schon alles erleben kann, erzählt diese Geschichte.

Ria wurde die junge Ehefrau Maria genannt, als sich das Paar nach seiner Hochzeit im Burgenland in der wunderschönen Alpenstadt Innsbruck niedergelassen hatte. Im Vorort Amras, zu Füßen und im Schatten des Habsburger-Schlosses Ambras (abgeleitet vom lateinischen Wort *umbra*, das heißt Schatten), hatte der Gatte Josef alias Pepi eine Arbeit in einer Tischlerei angenommen und ebendort auch eine kleine Wohnung für die werdende Familie gefunden. Das erste verdiente Geld sollte natürlich sinnvoll investiert werden und so entschloss sich Pepi, ohne seine Ehefrau lange zu fragen, ein Auto anzuschaffen, weil dieses eine größere Mobilität und Unabhängigkeit ermöglichte. Für kleine Leute erschwinglich und bei diesen besonders beliebt war damals ein Kleinstfahrzeug namens *Puch 500*, der äußeren Form nach mit dem italienischen *Fiat Cinquecento* verwandt und diesem wie ein

Zwilling ähnlich. Die Straßen wimmelten nur so von diesem zum Volkswagen avancierten Vehikel, das weder Komfort noch Geräumigkeit und schon gar keine nennenswerte Geschwindigkeit bot, aber sich zumindest aus eigener Kraft fortbewegte, ein Automobil eben. Da Ria den Kehllaut „ch" nicht so authentisch aussprechen konnte, wie Tiroler oder Araber es tun, klang der Name bei ihr wie „Puck", frei nach William Shakespeares Dramenfigur.

Mit dieser rollenden Blechdose konnte man nun die Welt erobern. Pepi und Ria kamen damit sogar bis Venedig, begleitet von einem befreundeten Paar, das denselben Wagen fuhr. Sein Vorteil lag auch darin, dass er für Autodiebe unattraktiv war und kaum gestohlen wurde. Dafür wurde auf dem Campingplatz nahe der Lagunenstadt Pepis Fotoapparat des nachts aus dem Zelt geklaut. Wenn auch das Glück dadurch ein wenig getrübt war, freuten sich die Paare doch über die große Freiheit zu reisen und die ersehnten Erlebnisse und Abenteuer. Von ihrem Auto wusste Ria schon, dass man es nicht mit Fahrgästen überladen durfte. Noch mehr galt dies jedoch von der Gondel am *Canale Grande*, die die Urlauber bestiegen, um eine erlebnisreiche Rundfahrt durch die *Serenissima* zu unternehmen. Der geschäftstüchtige Gondoliere hatte anscheinend großes Vertrauen in sein Boot und achtete nicht darauf, dass die Zahl seiner Passagiere ein bedenkliches Ausmaß angenommen hatte, was einige von ihnen in Panik versetzte. Er dachte wohl, dass alle in der Lage waren, wieder ans Ufer zu schwimmen, falls dies notwendig wäre. Ria konnte allerdings nicht schwimmen und war deshalb sehr besorgt, vor allem auch um das neue Leben, das sie in ihrem Schoß trug. So hatte das Kindchen bereits seine ersten Ängste mit seiner Mutter durchzustehen, ohne sich an den sich bietenden Schönheiten erfreuen zu können. Nach einer Woche mit italienischem *Dolce Vita* kehrten die Abenteurer in ihren Asphaltgondeln wieder auf das trockene „Festland", in ihre Heimat zurück.

Der Sommermonat Juli ging allmählich seinem Ende zu und der Tag der Entbindung rückte näher. Aber einmal wollte man noch das herrliche Wetter nützen und das Automobil für eine Überlandpartie ankurbeln. Von Innsbruck aus führt manche Straße über die Berge und warum sollte man den Wagen nicht einmal auf seine Gebirgstauglichkeit testen? Die geplante Route war wie für den *Giro d'Italia* gedacht, denn die Radfahrer plagten sich womöglich nicht so sehr beim Überwinden der Steigungen wie der kleine *Puch*. Aber er hatte seinen Besitzern zu gehorchen und beförderte sie auf einer Drei-Pässe-Fahrt. Bei Sonnenaufgang startete die Expedition und zunächst ging es die Brennerstraße hinauf Richtung Südtirol. Das war noch nicht die große Herausforderung, obwohl sich noch ein dritter Fahrgast im Wagen befand, der bald auch mitgezählt werden wollte. Bei Sterzing lenkte Pepi das Fahrzeug mit viel Vertrauen dem Jaufenpass entgegen. Diese Bergstrecke erforderte nun große Ausdauer und Kondition, die wenigen Pferdestärken unter der Motorhaube wurden an ihr absolutes Limit geführt. Die Ausflügler vergeudeten jedoch keinen Moment, um an der Tüchtigkeit ihres Gefährts zu zweifeln. Diese starke Motivation hatte sich wohl auf das Auto übertragen, sodass sie gegen alle skeptischen und hämischen Blicke anderer Verkehrsteilnehmer die Passhöhe erreichten. Bei den Händlern, die dort ihre

Waren feilboten, hätte es manches Schnäppchen an Uhren und Modeartikeln zu erstehen gegeben, aber man musste ja mit der Schmuggelware wieder über die Grenze zurück nach Österreich. Der *Puch 500* bot eben nur wenig Frachtraum, um Einkäufe sicher zu deponieren. Bei der Fahrt hinunter ins Passeiertal konnten sich Wagen und Fahrgäste von der vorherigen Anstrengung erholen.

Nach einer ausgiebigen Rast in St. Leonhard beim „Sandwirt", des Tiroler Freiheitskämpfers Andreas Hofer Geburtshaus, ging die Reise weiter nach Meran mit einer Kaffeepause und von dort hinauf in den Vinschgau. Hier wartete die letzte zu bewältigende, hoch anspruchsvolle Aufgabe auf die Berghungrigen, die Bezwingung des Reschenpasses in über 1.500 Meter Seehöhe. Nachdem die beiden anderen Pässe am Brenner mit rund 1.300 und am Jaufen mit nicht ganz 2.100 Metern über dem Meeresspiegel absolviert waren, wurde diese Passage für den kleinen „Puck" zum „Sommernachtstraum". Beinahe wäre er zur mobilen Entbindungsstation geworden, hätte Pepi nicht alle Energie aus dem Motor herausgeholt, um spätabends, aber noch rechtzeitig, das Krankenhaus in der Innsbrucker Anichstraße zu erreichen. Der Nachwuchs hatte es nach drei Gebirgsübergängen nicht länger in der Gebärmutter ausgehalten und drängte ungeduldig nach dem Licht der Welt, wenngleich es vorerst nur der Sternenhimmel über seiner Geburtsstadt gewesen war. Überraschend war nicht nur der Zeitpunkt, an dem der Spross von Bord gegangen war, da ihm die Wellen auf der Fahrt zu hoch gegangen waren, sondern auch dessen Geschlecht. Zu dieser Zeit, man schrieb das Jahr 1959, konnte man dieses noch nicht pränatal feststellen, was den Spekulationen und dem Abschließen von Wetten großen Raum bot. Ria war ganz auf die Ankunft eines Kindes mit weiblichem Geschlecht eingestellt und vorbereitet, arbeitete sie doch in einer angesehenen Werkstatt für Babybekleidung am Bozner Platz, wo sie seit Wochen die Modekollektion für die Kleine zusammenstellte. Ein Mädchen einzukleiden, versprach viel mehr Möglichkeiten an Kreativität und bereitete einer Schneiderin mehr Vergnügen als die Ausstattung eines jungen Herrn.

Die Enttäuschung war der frisch gebackenen Mutter ins Gesicht geschrieben, weil nicht eingetroffen war, was sie sich vorgestellt hatte. Sogar den Namen hatte sie bereits für das Töchterchen ausgewählt, Ursula sollte es heißen, doch das Mädel war halt ein Bub. Nun wurde die Aufgabe dem Vater übertragen, der inzwischen an das Bett der Wöchnerin vorgelassen wurde, einen Namen für den Sohn zu finden. Die heilige Ursula und ihre zehn Gefährtinnen hätten wohl kaum Platz gefunden im Schiffchen von Pepi und Ria, als sie der Legende nach auf ihrer Wallfahrt nach Rom über den Rhein nach Basel segelten und dann auf dem Landweg weiterzogen. Selbst für den ankommenden Erdenpilger war der Platz zu eng und bedrohlich, weshalb er es vorzog, das schaukelnde Schiff zu verlassen. Pepi, der gleich dem heiligen Zacharias den Namen seines Sohnes nennen sollte, zog ein Heiligenbuch zu Rate und antwortete auf die Frage der Krankenschwester, wie das Kind denn heißen solle: „Äh …, schreiben Sie Jona, bitte." Der Name dieses biblischen Propheten war in zweifacher Weise bedeutungsvoll, weil Jona einerseits auf Grund des hohen Wellengangs auf See sich über Bord werfen ließ und andererseits aus dem Bauch des Fisches, der ihn geschluckt hatte, hervorkam, als dieser ihn an Land spie. Die Geschichte von Jona im Bauch des Fisches gefiel Ria jedoch nicht so gut, weshalb sie Pepi um einen weiteren Vorschlag bat. Dieser blätterte nach dem Zufallsprinzip und entdeckte einen unbekannteren aber sehr passenden Heiligen, Bertram, Bischof von Le Mans. Das erste 24-Stunden-Rennen im Sportwagen hatte der Sprössling bereits vor seiner Geburt absolviert, wer konnte also als Patron geeigneter sein als ein Mann mit solch einem Ortsbezug? Die Schikanen und Unebenheiten auf den Wegen des Lebens hatte der kleine Bertram sehr früh kennengelernt, doch er hatte es etwas leichter, als seine Mutter darauf drängte, den kleinen „Puck" zu verkaufen und einen Teil des Erlöses für die Anschaffung eines komfortablen Kinderwagen-Cabriolets zu verwenden. Mit diesem gab es keine abenteuerlichen Fahrten mehr über hohe Gebirgspässe, sondern „beschauliche" Touren durch den hügeligen Park von Schloss Ambras im Schatten der uralten Bäume, deren Blätter sich im sanften Winde wiegten.

*„Ich sehe dich in tausend Bildern" nannte der Dichter Novalis im Hinblick auf Maria, die Mutter Jesu, eine seiner Hymnen im Band „Geistliche Lieder". Wie seine Seele Maria sieht, vermochte er kaum in einem Bild ausdrücken. Tatsächlich ist die Palette an Mariendarstellungen sehr breit, es bleibt letztlich Geschmackssache, welche davon man als ansprechend empfindet.*

### DIE MADONNA MIT DER STIRNFALTE

*Versuch einer Skizzierung*

Die Begegnung, von der ich erzählen möchte, ereignete sich während einer mehrtägigen Marienwallfahrt. An einem Ort von besonderer Ausstrahlungskraft wie jenem, der durch Erscheinungen und Botschaften auf sich aufmerksam gemacht hat, versammeln sich Menschen, die nach spirituellen Erfahrungen Ausschau halten, die sich vom tiefen Glauben anderer anstecken lassen möchten oder einfach neugierig sind und vielleicht eine Sensation suchen, und natürlich die Expertinnen und Experten in Sachen Marienfrömmigkeit. Solche Tage sind wie eine Art Kongress, an dem die kompetentesten Fachleute zusammenkommen, um ihre Erfahrungen und geistlichen Wege zu teilen und zu vertiefen. Die Leiterin einer Gebetsgruppe hatte wiederum eine Fahrt zu einem dieser „Gipfeltreffen" organisiert und mit dieser in einem Pilgerhotel unweit des Hauptheiligtums des Wallfahrtsortes Quartier bezogen. Man stellt in diesem Fall an die Gastronomie keine hohen Ansprüche, denn der Grund des Aufenthalts ist ein höherer Zweck, als Komfort oder gar Luxus genießen zu wollen. Alles hat sich den religiösen Bedürfnissen der Gäste anzugleichen, weshalb diese auch eine Unterkunft mit einer gewissen geistlichen Atmosphäre bevorzugen. Dem hatten die Gastgeber natürlich Rechnung getragen und die Räume des Hauses entsprechend ausstaffiert. Von den Bildern auf den Gängen und in den Zimmern bis zur Hintergrundmusik im Frühstücksrestaurant wurde auf die spezielle Klientel Rücksicht genommen.

Im Foyer, gegenüber dem Aufzug, hatte die Hotelleitung auf einer Konsole eine große Madonnenfigur aufstellen lassen, sodass die Ankommenden gleichsam jedes Mal von der Mutter des Herrn empfangen wurden, wenn sich die Lifttüre öffnete. Die Leiterin unserer Gebetsgruppe war vom Anblick der Hohen Dame allerdings nicht so angetan. Die künstlerische Darstellung missfiel ihr, denn sie entsprach so gar nicht ihrem Geschmack, vor allem der Gesichtsausdruck schien ihr zu kritisch und wenig an mütterlichem Charme ausstrahlend. Mit dieser Madonna konnte sie sich nicht wirklich anfreunden, was auch durch ihre eigene missbilligende Miene zum Ausdruck kam. Doch eines Tages, wie sie selbst später berichtete, ereignete sich ein Wunder, was einen an einem religiös so stark aufgeladenen Ort nicht allzu sehr überraschen sollte. Doch die Art des Ereignisses war außergewöhnlich und bisher wohl einmalig. Als sich der Pilgerin morgens die Aufzugtür öffnete und die Marienfigur, an deren Schönheit sie so unverhohlen zweifelte, vor ihr erschien, konnte sie sich des Eindrucks nicht erwehren, dass sich auf den Lippen der Madonna ein Lächeln zeigte. Die freundliche Geste deutete die fromme Frau als Zeichen der Vergebung für ihre Kränkung, ja sie war geradezu beglückt über dieses unerwartete Geschenk. Ein Lächeln kann Menschen verwandeln, sodass sie einander anders zu sehen beginnen. Das ist das Wunder, das überall geschehen kann. Und wen wundert es, wenn die allerseligste Jungfrau nicht hin und wieder gelassen und humorvoll über den Ernst mancher ihrer Verehrerinnen und Verehrer lächeln muss? In vielen ihrer Bilder können wir diesen wunderbaren Ausdruck entdecken, wenn wir sie nur oft genug betrachten.

*Von der Öffentlichkeit werden im Fußballsport vorwiegend die Herren wahrgenommen, an den Erfolgen von Damenteams wird seltener Anteil genommen. Dass diese durchaus nicht unterschätzt werden sollten, habe ich einmal beinah am eigenen Leib erfahren.*

### DAMENFUSSBALL

*Eine Reportage nicht nur für die Fans*

Mein Lehrer in der Oberstufe am Gymnasium sagte rückblickend auf vier Jahre Unterricht in Leibesübungen und Sport über mich, dass ich trotz meiner Gehemmtheit, was Bewegung und Gelenkigkeit anbelangt, in dieser Zeit enorme

Fortschritte gemacht hätte im Vergleich zu Klassenkollegen, die auf Grund ihrer Konstitution und Geübtheit mir gegenüber bei weitem im Vorteil gewesen waren. Dieser Vorsprung der Anderen, selbst der Unbegabtesten, war mir während meiner ganzen athletischen Karriere wohl bewusst. Unter allen Sportarten hatte ich zu Mannschaftsspielen stets eine besonders gestörte Beziehung, denn als Solist hatte ich allein die Schmach meines Versagens zu ertragen, während im Team der Groll des Kollektivs im Falle einer Niederlage auf mir lastete. Wurde in der Turnstunde Fußball angesagt, ein zu meinen Favoriten zählender Volkssport, entschwand für mich jegliche Hoffnung, auch nur das geringste Wohlwollen bei meinen Mitschülern hervorrufen zu können. Für Verlierer gab es in dieser Disziplin kein Verständnis und keine Toleranz. Die Diskriminierung erfuhr ich bereits bei der Wahl der Spieler, bei der ich immer als „Schwarzer Peter" für eine der beiden Mannschaften übrig geblieben war. Manchmal „zog" mich ein Teamchef auch schon früher, aber der wusste bis dahin noch nicht, welchen Unglücksgriff er damit gemacht hatte. Niemand erwartete beim Kicken von mir einen besonderen Nutzen, geschweige denn, dass das Unvorstellbare sich ereignen und ich ein Tor schießen würde. Doch weil auch ein blindes Huhn einmal ein Korn findet, gelang mir einige Male das Wunder, den Ball ins Tor zu treffen, nur leider war es das falsche. Dabei wollte ich den Ball nur vor dem Gegner in Sicherheit bringen. Nach Beendigung meiner Schulzeit schwor ich mir, niemals mehr ein Fußballfeld zwecks Austragung eines Matches zu betreten.

Naturgemäß konnte ich auch die euphorische Begeisterung der Fußballanhänger nicht teilen, die sich bei manchen bis ins Ekstatische steigern kann, sodass sie völlig außer sich geraten. Schon als kleinen Buben haben mich die vulkanartigen Ausbrüche meines Onkels, der ein fanatischer und eifernder Jünger vor dem Fernsehapparat gewesen war, verstört und seltsam berührt. Im Gedächtnis geblieben ist mir ein Besuch bei meinen Großeltern im Burgenland, bei dem in deren Küche außer ihnen selbst eine ganze Fangemeinde versammelt war, unter ihnen zwei Nachbarinnen, die beiden Töchter, die drei Enkelsöhne, der Onkel, sowie Katze und Hund nebst einer zahmen Dohle, die sich in sicherem Abstand auf einem für die Jäger unerreichbaren Ort niedergelassen hatte. In einem Stadion konnte die Stimmung nicht aufgewühlter sein als in dem kleinen „Fan-Lokal". Gebannt folgten alle mit Ausnahme von mir und den Haustieren der Übertragung des Matches auf dem mickrigen Bildschirm des Schwarzweiß-Flimmerkastens. Da gerade ein lauer Sommerabend war, blieb die Tür in den Hof geöffnet, sodass es immerhin noch Luft zum Atmen gab und man trotz der Spannung einen halbwegs kühlen Kopf bewahren hätte können. Nur mein Onkel konnte das nicht. Als überraschend das erste Tor geschossen wurde, sprang er wie von der Tarantel gestochen hysterisch von seinem Stuhl auf und schrie mit hochrotem Kopf aus Leibeskräften seinen Enthusiasmus heraus. Nicht nur ich war zu Tode erschrocken, im selben Moment stürzten mit Entsetzen Hund, Katze und Vogel gleichzeitig zur Tür hinaus, als müssten sie um ihr Leben laufen beziehungsweise fliegen, und waren bis zum nächsten Morgen nicht mehr gesehen. Das Märchen von den „Bremer Stadtmusikanten", die vor den Räubern Reißaus nehmen, hatte sich lebhaft vor meinen Augen zugetragen. Diese

Kindheitserfahrung hat mich in meiner Vorsicht gegenüber Anhängern des Fußballsports nachhaltig geprägt.

Mein Verhältnis zu diesem Sport hat sich mit zunehmendem Alter jedoch entspannt, da die Erwartung, mich aktiv daran zu beteiligen, bei meinen Mitmenschen sehr gesunken ist. Die örtlichen Vereine begnügen sich inzwischen damit, dass ich als Priester den Spielern den Segen spende und meine Kondition und Ausdauer bei ihren geselligen Festen unter Beweis stelle. Nur manchmal wurde der Versuch unternommen mich zu überreden, ausnahmsweise in Fußballerdress und -schuhe zu schlüpfen und bei einer Art Prominenten- oder Oldiesauswahl mitzuspielen. In einer Pfarre hatte man mir angeboten, wenigstens beim Damenfußball mitzuwirken, denn das wäre weniger anspruchsvoll und ein leichteres Spiel für mich. Nicht weil ich das Angebot als eines Mannes unwürdig empfunden hätte, lehnte ich dankend ab, sondern weil ich eine Vorahnung hatte, mich besser nicht darauf einzulassen.

Mein Gefühl hatte mir Recht gegeben, denn die Damen, zumeist Ehefrauen von aktiven und pensionierten Spielern oder von Vereinsmitgliedern, spielten mit höchstem Einsatz, sozusagen auf „Teufel, komm raus!". Selbst ich als völlig ungebildeter, laienhafter Zuseher bemerkte, dass den Kickerinnen jegliche Spieltechnik und -kultur fehlte und diese mit viel Beinarbeit auf dem Feld wie wild gewordene Pferde galoppierten und ackerten. Dementsprechend endeten die Kollisionen, ein Großteil der Spielerinnen musste mit Blessuren und humpelnd die Arena verlassen. Ich war sehr froh über meine vorausblickende Entscheidung, mich durch den Dienst beim Getränkeausschank von der Teilnahme am Turnier freigekauft zu haben. Vielleicht hatten die Damen von mir jedoch mehr Solidarität und mit ihnen mitzuleiden erwartet, anstatt mich „feige" dem Feldzug zu entziehen. Am nächsten Tag rächte sich nämlich mein Verhalten, als ich auf der Altartreppe stolperte und mein rechter Fuß derart beleidigt war, dass ich hinkend aus der Kirche gehen musste. Bis dahin war ich der Meinung, dass ich nur beim Fußball eine schlechte Figur machen würde. Gott sei Dank, es gibt Priester und Ordensmänner, die die Ehre des Berufsstandes durch Geschicklichkeit und Können manchmal sogar im Talar auf dem „Grünen Rasen" zu retten wissen. Das müssen ihnen die Damen erst einmal gleichtun, denn bisher sind sie noch nie am Fußballplatz im langen Abendkleid gegeneinander angetreten. Wäre das nicht ein elegantes Derby für echte Ladies?

*Hatten Sie für den Sommer 2020 schon eine Reise geplant? Ich hatte bereits einen Flug in die Türkei gebucht. Im August wollte ich mit Freunden Istanbul und Kappadokien besuchen. Corona hat uns wie vielen anderen einen Strich durch die Rechnung gemacht. Aber man kann ja auch von Vergangenem zehren.*

## DIE ESEL AN DER BUSHALTESTELLE UND WEITERE MERKWÜRDIGKEITEN

*Ein Baedeker-Reiseführer der anderen Art*

Ein Land, das ich gerne bereise, ist die schon erwähnte Türkei. Auf meinen Rundreisen habe ich Menschen der verschiedensten Gebiete dieses Landes kennenlernen dürfen. Das macht das Reisen erst richtig spannend, wenn man abseits der großen Touristenströme mit der einheimischen Bevölkerung in Kontakt kommt und erfährt, wie sie lebt. Neben der Landschaft und den Menschen und ihrer Kultur sind es aber auch die Tiere, die das Bild eines Landes prägen. Und so möchte ich ein wenig über diese Mitbewohner erzählen, die mir auf den weiten Wegen begegnet sind.

Metin heißt der türkische Reiseleiter, der unsere achtköpfige Gruppe auf den drei Rundreisen mit dem Kleinbus durch das Land begleitet hat. Ich erinnere mich, dass er ein besonderer Tierfreund ist. In den Städten und Dörfern und auf manchen Rastplätzen sind uns immer wieder Katzen über den Weg gelaufen. Natürlich suchen sie die Nähe des Menschen auch deswegen, weil sie Hunger und Durst haben. Einer, der stets Mitleid mit diesen Geschöpfen hatte, war Metin. Sein Ruf muss sich schon überall verbreitet haben, denn die Tiere wussten anscheinend, dass er für sie gewiss einen Leckerbissen, ein Schälchen mit Wasser oder sogar mit Milch bereit hielt. Zufrieden und dankbar ließen sie sich dann von ihm über das Fell streicheln. Denn Milch ist für Katzen wie Benzin, dann schnurren sie wie der Motor eines Ferrari, pflegte Metin zu sagen. Man konnte nur hoffen, dass noch mehr solcher Reiseführer unterwegs waren, die sich wie er um die armen Vierbeiner kümmerten.

Die Türkei ist ein sehr moderner und hoch entwickelter Staat. Aber ein wichtiger und nützlicher Gefährte der Menschen ist in manchen Gegenden dieses Landes auch heute noch der Esel. Als wir auf den Nemrut Dagi, einen Berg mit einer wunderbaren Tempelanlage auf dem Gipfel, aufgestiegen sind, da erwies sich das Grautier für die Älteren unserer Gruppe als sehr nützlich. Der Weg war steinig, mühsam und anstrengend zu gehen. Aber zum Glück gab es das Eseltaxi, das geschwächte und gebrechliche Wanderer, wenn auch etwas wackelig, aber doch sicher bis nach oben brachte. Esel sind es gewohnt, schwere Säcke auf ihrem Rücken zu tragen. Nur unter gewissen Umständen streiken sie, denn manche Reisende sind für einen Eselsrücken doch zu gewichtig, die hätten schon eher einen Elefanten gebraucht. Aber die sind in der Türkei weder heimisch, noch führen sie dort ein Transportunternehmen. Nach dem eindrucksvollen Erlebnis des Sonnenuntergangs auf dem Berg Nemrud stiegen wir zu unserer Unterkunft hinunter, ein schlichtes

Hotel, wie es in dieser unwegsamen Gegend nicht anders zu erwarten war. Das Abendessen wurde auf der Terrasse gereicht. Da ich bei Fleischspeisen etwas heikel bin, war mir das dargebotene Gericht nicht ganz geheuer und ich konnte es bei bestem Willen nicht zu mir nehmen. Die Gastgeber zu kränken, indem ich die Fleischstücke auf dem Teller zurückließ, wollte ich auch nicht riskieren, da ich nicht unhöflich sein wollte. Die Rettung kam durch einige frei laufende Katzen, die durch den Geruch der Speisen angelockt wurden und sich zu den Tischen begaben. Ich erinnerte mich an den Tierfreund Metin und fütterte die ausgehungerten Mäuler mit dem sonderbaren Fleisch, ohne dass die Kellner es merkten. Für die Mietzen war es ein Hochfest und Gaumenschmaus und ich bedankte mich mit einem extra Trinkgeld für den Service. Im Zimmer nahm ich noch sicherheitshalber einen Becher Whiskey zur Verdauung zu mir und schlief wunderbar ein.

Am Bafa-See, einer vom Meer abgeschnittenen Bucht in der türkischen Ägäis, wurde ich bei der Ankunft im Hotel vom Concierge darauf aufmerksam gemacht, dass es im Haus zwei verschiedene Arten von Zimmern gäbe, solche mit „Seeblick" und solche mit „Eselsblick". In der Nacht konnte ich keinen rechten Schlaf finden, weil ich abends zu viele Calamari gegessen hatte und die Klimaanlage im Zimmer nicht funktionierte, wodurch es unerträglich heiß war. Als ich gegen Morgen endlich die Augen geschlossen hatte, wurde ich jedoch bald aus dem Schlummer gerissen. Der Esel, den ich bisher noch nicht erblickt hatte, machte sich im Garten durch einen jämmerlichen Schrei bemerkbar, sodass ich erneut hellwach im Bett lag. Nun verstand ich auch das verschmitzte Lächeln des Mannes, der mir meinen Koffer in das Zimmer mit „Eselsblick" getragen hatte. Als ich am Morgen unausgeschlafen in den Spiegel blickte, schaute mir ein fahles graues Eselsgesicht entgegen. Tagsüber schleppte ich meinen Körper mühsam durch die Gegend. Man musste mich antreiben wie einen Esel, der sich nicht bewegen wollte, so müde war ich gewesen.

Was ich bislang nicht wusste, war, dass Esel offenbar ihre Kräfte und Energie schonen, wenn sie einen längeren Weg zurücklegen müssen. Als wir mit unserem Bus von Inkum am Schwarzen Meer in Richtung der großen Stadt Bartin fuhren, kamen wir an einer Bushaltestelle vorüber. Wir waren ziemlich überrascht, als wir in der Wartehütte drei Esel ohne einen menschlichen Aufpasser stehen sahen, die anscheinend auf den nächsten Linienbus warteten, um mit ihm in die Stadt zu fahren. „Mit Öffis fahren und Sprit sparen!" war wohl ihr Leitspruch und vielleicht war ihnen beim Lösen der Fahrkarte am Automaten auch jemand behilflich, denn das überfordert oft sogar manchen Menschenverstand. Möglicherweise warteten sie aber auf Fahrgäste, die an der Haltestelle auf ihresgleichen umsteigen wollten, um sich dorthin bringen zu lassen, wohin kein Bus mehr fahren kann – Esel im Verkehrsverbund sozusagen.

Zum Abschluss möchte ich noch eine Geschichte wiedergeben, die uns unser Reiseleiter erzählt hat. Ein hoher Beamter aus einem Ministerium in Ankara war in ein Dorf in Ostanatolien gekommen. Er ließ seinen Fahrer anhalten und stieg aus dem Dienstwagen. Da erblickte er einen Mann, der gemütlich im Schatten eines

Baumes saß und seinen Ochsen mehr oder weniger bei der Arbeit beaufsichtigte. Das Tier ging im Kreis und bewegte einen großen runden Mühlstein, der das Getreide mahlte. Der Beamte grüßte den Bauern und erkundigte sich, warum dem Ochsen die Augen verbunden seien. Der Befragte erklärte ihm, dass der Ochse dadurch nicht merke, dass er ständig nur im Kreis gehe. Sonst würde er stehen bleiben, weil ihm das auf die Dauer zu dumm wäre. „Und warum trägt das Tier eine Glocke um seinen Hals gebunden?" wollte er weiter wissen. „Sollte er doch aufhören zu gehen, dann werde ich dessen sofort gewahr, weil die Glocke nicht mehr läutet. Also treibe ich ihn wieder an, damit er weitergeht, und ich kann mich weiter der Ruhe erfreuen." „Aber wieso bist du so sicher, dass der Ochse nicht stehen bleibt und bloß mit seinem Kopf wackelt, damit die Glocke läutet und du den Eindruck hast, er würde beständig im Kreis gehen?" wollte der Fremde nun wissen. „Einen so gescheiten Ochsen gibt es vielleicht bei euch in der Stadt im Ministerium", erwiderte der Bauer, „aber nicht bei uns hier auf dem Land. So ein gelehrtes Rindvieh ist mir hier bis jetzt noch nicht begegnet."

Dennoch, die Klugheit und Lernfähigkeit der Tiere sollten wir Menschen nicht unterschätzen. Das habe ich mir auf meinen Reisen gemerkt. Während nicht alles, was der menschliche Verstand hervorgebracht hat, unbedingt bemerkenswert ist.

*„Airport" ist der Titel eines Katastrophenfilmes aus dem Jahr 1970 mit Burt Lancaster und Dean Martin in den Hauptrollen. Ebenfalls zwei Helden, die auf Flughäfen in verschiedene Desaster geraten, sind die Hauptdarsteller in der folgenden Handlung.*

### KURZSTRECKENFLUG MIT EINIGEN TURBULENZEN

*Erlebnisse eines Reisegefährten*

Für viele Menschen ist Fliegen längst zur Routine geworden. Wie andere Leute täglich in den Bus steigen, um zur Arbeit zu fahren, so checken sie am Flughafen ein und steigen ohne Bauchkribbeln völlig gelassen in eine Maschine und überspringen die Welt. Ganz so alltäglich war für mich und meinen Mitbruder das Fliegen nicht, als wir im Sommer 2010 mit dem PKW am Flughafen Wien-Schwechat ankamen. Zunächst freuten wir uns über das Glück, gleich in der Nähe des Eingangsportals einen Parkplatz gefunden zu haben. Wir waren ohnedies schon knapp in der Zeit und wollten uns die Anfahrt in eine Parkgarage ersparen. Nachdem wir uns in der Halle zurechtgefunden hatten, steuerten wir auf den Sektor für Inlandsflüge zu, denn wir hatten einen Flug nach Innsbruck gebucht. Wir wollten einmal dieses Gefühl auskosten, unsere Heimat aus der Vogelperspektive zu erleben und zu Füßen des mächtigen Karwendelgebirges zu landen. Das Wetter an diesem Tag war durchaus vielversprechend für eine tolle Aussicht.

Als wir die letzte Kontrolle passiert hatten, setzten wir uns entspannt auf eine Bank, um bis zum Aufruf der Passagiere zu warten. Unwillkürlich machte ich einen Blick auf das Parkticket und entdeckte, dass wir das Auto meines Mitbruders in einer Kurzparkzone abgestellt hatten. Ich zeigte ihm die Karte mit der Bemerkung: „Das wird teuer werden." Etwas Zeit hatten wir noch bis zum Abflug, weshalb wir uns kurzer Hand entschlossen, nach draußen zu eilen und den Wagen in ein Parkhaus zu bringen. Wir beeilten uns, so gut wir konnten, aber die Garage war vollgeparkt, sodass wir schon ziemlich nervös wurden. Schließlich entdeckten wir einen freien Platz, der allerdings für Menschen mit besonderen Bedürfnissen reserviert war. „Was soll's!", sagten wir, denn wir mussten augenblicklich in das Flughafengebäude zurückkehren, um unsere Maschine nicht zu versäumen. Im Laufschritt passierten wir ein zweites Mal die Kontrollen und kamen im Warteraum an, als gerade die Durchsage zu hören war, dass sich der Flug nach Innsbruck um 90 Minuten verzögern würde. „Den Stress hätten wir uns sparen können, hätten wir das früher gewusst.", stellten wir einhellig fest und begaben uns nochmals ins Freie in Richtung Garage, um nach einem kostengünstigeren Parkplatz zu suchen.

Nun hatten wir Zeit und kehrten gemütlich nach erfolgreicher Suche in das Flughafengebäude zurück. Beim Durchschreiten der Kontrolle wurden wir von den Beamten mit Handschlag begrüßt, denn sie kannten uns mittlerweile bereits persönlich. Ich befürchtete schon, wir wären verdächtig aufgefallen und müssten zum Verhör. Endlich öffnete sich das Gate zu unserem Flugzeug, das uns nach Innsbruck bringen würde. Hätten wir die Eisenbahn genommen, wären wir längst angekommen. Doch nun konnten wir an Bord bei strahlendem Sonnenschein den Flug über den Alpenbogen genießen und mit einem Becher Prosecco auf unseren Erfolg anstoßen. Die Turbulenzen vor dem Start waren überwunden, die Reise durch die Luft verlief absolut ruhig. Nach kaum einer Stunde tauchten wir in das von malerischen Bergketten umrahmte Inntal ein und landeten sicher auf der Piste des Airports Innsbruck, nichts ahnend von den Turbulenzen, die uns dann einholten.

Das Undenkbare war geschehen, der Koffer meines Mitbruders war verschollen. Vergeblich warteten wir am Fließband, bis das letzte Gepäckstück abgeholt war. Wir wollten es nicht glauben, denn der Koffer konnte doch nicht aus der Maschine gefallen sein, aber es gab keine Spur von ihm. Ein genervter Beschäftigter, der vielleicht schon an Dienstschluss dachte, nahm die Verlustanzeige unwillig an und versprach, meinen Mitbruder zu verständigen, sobald das vermisste Objekt aufgetaucht sei. Sehnsüchtig wurden wir dann im Empfangsbereich von unseren Freunden empfangen und alle Aufregung legte sich rasch bei einem Glas Bier. In den nächsten Tagen ging viel Zeit für das Shoppen drauf, denn mein Mitbruder musste sich mit dem Nötigsten für den Aufenthalt ausstatten. Er konnte schon bald einen ganzen Koffer mit seinen Einkäufen füllen. Bis zur Ankunft des eigenen musste er sich noch gedulden, denn der war in Tel Aviv gelandet, wie sich inzwischen herausgestellt hatte. „Ein herrenloser Koffer auf dem Flughafen Ben Gurion ist höchst verdächtig – den siehst du nicht wieder!", versuchte ich meinen Mitbruder zu trösten.

Einen Tag vor unserer Abreise kam die Nachricht, dass das verlustige Gepäck in Wien angekommen sei, und ob man es nachschicken solle. Das hatte sich zu diesem Zeitpunkt natürlich erübrigt. Der Rückflug war vom Wetter nicht so begünstigt, aber er lief ganz ruhig ohne Zwischenfall ab. Nach der Ankunft am Airport Wien gab es noch eine letzte Turbulenz. Unsere Wege trennten uns vor der Halle, denn ich wurde von einem anderen Mitbruder mit dem Auto abgeholt, während mein Reisebegleiter mit seinem Wagen allein zu einem anderen Ziel weiterfahren wollte. Das Parkticket war gut aufgehoben, allerdings in meiner Brieftasche. Wir steuerten bereits die Auffahrt zur Autobahn an, als mich am Mobiltelefon der verzweifelte Anruf meines Mitbruders aus der Parkgarage erreichte. Mit einem fast leeren Akku hatte er es noch geschafft, dieses letzte Telefonat zu führen, in dem ich ihn beruhigte mit der Zusage, sofort umzukehren und ihn aus der Not zu befreien. Mein Mitbruder hatte seinen irregeleiteten Koffer wieder bekommen und konnte nun mit seinem Wagen auch die Parkgarage verlassen. Nun konnten wir beide getrennt voneinander endlich Urlaub machen, denn alle Anspannung und Nervosität hatten sich gelöst und es gab ein richtiges *Happy End* wie in einem Katastrophenfilm *made in Hollywood*.

# ZWIEGESPRÄCHE

## SAG NICHT DAUERND SO NETTE SACHEN ZU MIR

*Wie mit gutgemeinten Worten ein handfester Ehezwist entstehen kann*

Sie: Liebling, warum hast du denn den Geschirrspüler ausgeräumt? Das wäre doch nicht notwendig gewesen. Ich hab dich ausdrücklich gebeten, dich entspannt hinzusetzen und bei einer Flasche Bier fernzusehen wie rücksichtsvolle Ehemänner das tun, anstatt dich dauernd mit der Hausarbeit zu beschäftigen.

Er: Was sagst du, Schatz?

Sie: Du hörst mir wieder einmal aufmerksam zu, wenn ich dir was sage. Kannst du nicht einmal auch woanders hindenken. Immer horchst du auf mich. Hast du schon einmal gesagt, dass ich dir auf die Nerven gehe? Nein, nicht doch, du flüchtest in die Hausarbeit.

Er: Wundert dich das? Immer wenn wir zusammen sind, sagst du lauter so schmeichelhaftes Zeug zu mir. Das muss ich doch irgendwie verarbeiten.

Sie: Ich bin dir also zu wenig herb. Hättest du doch einen Drachen geheiratet, der Dich nicht so verwöhnt und lieb ist zu dir wie ich. Dann wärst du vielleicht kein so zufriedener Ehemann. Aber es geschieht dir recht, dass du nicht unter meiner Knute stehst. Du hättest mich halt vor der Heirat genauer anschauen sollen.

Er: Als ich meine zukünftige Schwiegermutter gesehen habe, hätte ich gleich wissen müssen, wie viel es geschlagen hat. Die war nämlich von Anfang an so lieb und verständnisvoll zu mir. Ich hätte mir doch denken können, der Apfel fällt nicht weit vom Stamm.

Sie: Lass, bitte, meine Mutter aus dem Spiel. Ich sehe ein, dass sie dir sympathisch ist. Aber was kann sie dafür, dass wir uns so gut verstehen?

Er: Ja, das ist wahr. Wenn sie sich nur einmal in unsere Ehe eingemischt hätte. Aber nein, sie akzeptiert mich so wie ich bin. Ich weiß schon nicht mehr, welche Dummheit ich noch begehen soll, damit sie mir nicht mehr vertraut.

Sie: Dazu fehlt Dir wirklich jegliche Kreativität. Du merkst gar nicht, dass sie sich immer einen anderen Schwiegersohn gewünscht hat. Kannst Du Dich nicht erinnern, wie sie an meinem Geburtstag zu Dir gesagt hat, ich hätte Dich überhaupt nicht verdient?

Er: Natürlich. Und sie hat auch gemeint, wenn ich nicht endlich einen Seitensprung mache, sollten wir beide zur Eheberatung gehen, weil mit unserer

Beziehung etwas nicht stimmen kann. Dabei hat sie mit eigenen Augen gesehen, wie ich mit unserer neuen Nachbarin, der Kudelka, kokette Blicke ausgetauscht und ihr einen Klaps gegeben habe. Und sofort unterstellt sie einem, da wäre ohnedies nichts dran. Zur Kudelka hat sie gesagt: Lassen Sie ihn nur! Mein Schwiegersohn ist ganz harmlos, er ist halt noch etwas kindlich und verspielt. Wie bunt soll ich es denn noch treiben, damit ihr endlich die Augen aufgehen?

Sie:     Na und? Meine Mutter hat halt leider eine gute Meinung von dir. Deine halbherzigen Versuche, ihre Einstellung zu ändern, kommen eben nicht bei ihr an.

Er:     Ich weiß schon, so attraktiv ist die Kudelka auch wieder nicht, obwohl sie bedeutend jünger ist als du. Aber mit der kannst du immer noch konkurrieren.

Sie:     Gut, dass du es endlich zugibst. Eine andere Frau kann dich gar nicht reizen. Was ich auch anstelle, du bist immer glücklich mit mir. Jedes moderne Ehepaar braucht heutzutage schon einen Sexualtherapeuten, nur wir beide nicht. Ich kenne das von meinen Freundinnen, deren Männer haben alle Potenzprobleme. Ich frage mich, was wir bloß falsch machen.

Er:     Du weißt, ich hab immer gesagt, Sex ist nicht das Wichtigste in einer Beziehung. Ich schätze auch Deine Kameradschaft und Bereitschaft zum Verzicht.

Sie:     Und warum hast du mir letztens die Reizunterwäsche gekauft, damit ich so viel Sexappeal habe wie deine hoch verehrte Großtante Hermine?

Er:     Das hab ich niemals behauptet, dass du darin so sexy aussehen musst wie Tante Hermine. Ich wollte nur meine Arbeitskollegen neidisch machen, als ich ihnen im Büro die Wäsche gezeigt habe.

Sie:     Du kannst einem ja nur reizende Sachen ins Gesicht sagen. Und das Traurige daran ist, dass du das alles ehrlich meinst.

Er:     Dann sag du mir halt auch ins Gesicht, dass ich viel besser ausschaue als die meisten anderen Männer in meinem Jahrgang. Ich spüre doch, dass du das denkst. Sei ruhig ehrlich, das verletzt mich nicht.

Sie:     Ich habe dich noch nie belogen. Und meinen Flirt mit dem Grünmandl hast du einfach so hingenommen. Bei dem wäre ich beinahe schwach geworden.

Er:     Den Grünmandl hab ich nie als Konkurrenten gesehen. Dem trau ich so etwas gar nicht zu, weil der macht sich doch nichts aus Frauen.

Sie:     Warum hast du mir dann so großartig verziehen, obwohl du gewusst hast, dass ich mit dem Grünmandl nie eine Liebschaft haben würde? Du wolltest mir wahrscheinlich das Gefühl geben, dass ich eine begehrenswerte Frau bin.

**Er:** Nein, als ich gemerkt habe, dass der Grünmandl auf mich steht, hab ich mir gedacht, dass er keinen so schlechten Geschmack hat.

**Sie:** Dasselbe hat er über mich auch gesagt. Aber du bist zu bescheiden und sagst immer, ich wäre viel zu wenig wählerisch bei den Männern. Außerdem sind die anderen Männer nicht so wie du, dass sie einem gleich jeden Wunsch von den Augen ablesen. Zu Weihnachten hast du mir den schönen Smaragdring geschenkt, weil du genau gewusst hast, dass ich den schon lange haben wollte. Dann hast du noch so scheinheilig getan, als wäre dir das nie aufgefallen.

**Er:** So, jetzt machst du mir dafür Vorwürfe. Ich werde es mir merken. Das nächste Mal gebe ich dir einfach zwanzig Euro, wenn du schon so anspruchslos bist. Dann kannst du dir selber kaufen, was du willst, und ich brauch mich wenigstens nicht mehr so über deine Dankbarkeit zu freuen.

**Sie:** Jaja, jetzt kommt wieder die alte Leier, dass ich nie nachtragend bin. Frag deine Mutter, die schon seit Jahren alle Näharbeiten für mich macht. Zu der hab ich noch nie Danke gesagt. Aber sie will das nicht zur Kenntnis nehmen. Immer wieder ruft sie an und will wissen, ob ich nicht wieder was zum Nähen für sie habe. Dabei sieht sie eh schon so schlecht. Aber zum Augenarzt hat sie sich von ihrer anderen Schwiegertochter bringen lassen, weil sie mir das nicht zumuten will.

**Er:** Ich hab ihr schon etliche Male gesagt, dass du dich von ihr bevorzugt fühlst. Aber sie meint, das bildest du dir bloß ein, weil sie kaum etwas für dich tut.

**Sie:** Und unserem Sohn steckt sie auch andauernd Geld zu. Sie sagt, er ist so wohlerzogen, obwohl er ein Flegel und Rotzlöffel sondergleichen ist. Bei ihren anderen Enkeln macht sie das nie.

**Er:** Das geht uns ja nichts an, wem sie ihre Rente gibt, oder? Wenn sie dich und unseren Sohn so ins Herz geschlossen hat, dann nehmen wir das halt einfach zur Kenntnis. Sie wird schon sehen, wohin sie damit kommt. Wenn sie Hilfe braucht, dann werden ihr mein Bruder und seine Frau wieder gut genug sein.

**Sie:** Mir ist es auch egal. Hauptsache, dass wir ein so schönes Familienleben führen.

**Er:** Ach, hör endlich auf, mich so unterschwellig allein dafür verantwortlich zu machen. Nur weil du dich für Mann und Kind geduldig aufopferst, ist unser Familienleben so harmonisch.

**Sie:** Meine Geduld ist wirklich unendlich, wenn Du abends bei mir zu Hause hockst, anstatt mit Deinen Freunden im Gasthaus Karten zu spielen und Dich zu betrinken …

Er:          … und anderen Frauen nachzustellen. Sag es nur, das ist es, was du vermisst. Aber weil du mich so gern hast und so gut zu mir bist, ziehe ich mich an den häuslichen Herd zurück und bin ein richtiger Stubenhocker.

Sie:          Dann brauchst du dich nicht zu wundern, dass ich dich noch nicht verlassen und mir einen anderen Mann gesucht habe.

Er:          Gut, dann tu, was du nicht lassen kannst. Bleib halt bei mir, ich hab es ja eh nicht besser verdient.

Sie:          Könntest du jetzt endlich aufhören, lieb zu mir zu sein. Sonst gebe ich dir gleich einen Kuss, wie du schon lange keinen mehr gekriegt hast.

Er:          Du kannst mich nicht einschüchtern. So weit wird es nicht kommen, dass ich mich dazu hinreißen lasse, deine Liebeserklärung zu erwidern. Ich gehe jetzt die Wäsche bügeln.

Sie:          Jaja, geh nur. Und das Abendessen kannst du auch gleich herrichten, wenn du unbedingt willst.

Er:          Nein, das mache ich nicht. Du musst nämlich wissen, dass ich für heute Abend einen Tisch im Schlossrestaurant für uns habe reservieren lassen. Damit hast du nicht gerechnet, was?

Sie:          Jetzt beruhige dich doch wieder, Schatz! Ich hab es ja nicht so gemeint. Reden wir doch wieder normal, ohne Emotionen miteinander.

Er:          Also gut, du hast ja recht. Hören wir endlich auf mit den aufrichtigen Komplimenten. - Habe ich dir schon einmal gesagt, dass du ein riesiges Miststück bist?

Sie:          Nein, durch all die Ehejahre kein einziges Mal, weil du bist ja doch ein lächerlicher alter Waschlappen.

Er:          Ich weiß, du hast mich ja nur genommen, weil du keinen Blöderen gefunden hast.

Sie:          Bei nächster Gelegenheit tausche ich dich ein.

Er:          Wenn du meinst, dass du es dir verbessern kannst … Ich bin ja so froh, dass wir uns wieder verstehen und unsere wahren Gedanken nicht mehr verbergen müssen!

## WAS DARF ICH IHNEN AUFLEGEN?
## DER GLÜCKLOSE DISCJOCKEY

*Herr Tristan, ein begeisterter Opernliebhaber, der etwas einsam ist, stößt auf der Suche nach einem adäquaten Gegenüber auf eine Hostess, eine Art Gesellschaftsdame, die er in seine Wohnung bestellt. Er hat jedoch keinen anderen Wunsch, als dass sie seine Leidenschaft mit ihm teilt und sich dem Musikgenuss hingibt. Die Dame, Fräulein Isolde, ist allerdings etwas irritiert und weiß nicht recht, wie sie seine „Anspielungen" verstehen soll.*

Tristan: *(legt gerade eine Polyvinyl-Schallplatte am Plattenspieler auf).*

Isolde: *(läutet an seiner Wohnungstür).*

Tristan: Das wird sie sein *(steht auf, öffnet ihr und begleitet sie herein, indem er aus einem Prospekt liest).* „Neueröffnung Club Arabella" – den Namen muss ein Opernkenner ausgesucht haben - „elektrisierende Stunden in romantischer Atmosphäre." *(Zur Dame)* Kommen Sie doch näher, meine „Butterfly". Als ich heute Ihre Postwurfsendung bekam, dachte ich sofort: Da rufst du an.

Isolde: *(erstaunt)* Aha?

Tristan: Sie sagten doch am Telefon, dass Sie normalerweise keine Hausbesuche machen. Umso mehr freut es mich, dass Sie doch eine Ausnahme machen und ein wenig Zeit für mich erübrigen können.

Isolde: Aber bitte. *(Für sich)* Ich glaub', der ist nicht ganz dicht.

Tristan: In Ihrem Flugblatt war von Swing zu lesen. Ich hoffe aber doch, dass Sie auch für das Klassische offen sind. Herzlich willkommen in meinem Musentempel!

Isolde: Da gehört aber viel Fantasie dazu, dass man sich unter dieser Garçonnière einen Tempel vorstellen kann.

Tristan: Sie werden schon sehen, gleich werden wir in das sinnliche Reich der Euterpe, der Muse der Musik, eintauchen und uns berauschen.

Isolde: Apropos berauschen - hast Du nicht zufällig etwas eingekühlt, denn die Luft da drinnen ist schon ziemlich trocken, findest Du nicht auch?

Tristan: Ja, ich werde Ihnen gleich den Kelch mit dem Nektar reichen.

Isolde: (*zu* sich) Das muss ein Verrückter sein! - Hast Du kein Gläschen Champagner? Das wäre mir lieber.

Tristan: Das ist eine gute Idee! Wir trinken zunächst etwas Prickelndes, damit wir richtig in Stimmung kommen.

Isolde: Keine Sorge Schnuckiputz, das lass mich nur machen. Ich hab schon viel müdere Krieger als Dich in Stimmung gebracht.

Tristan: Das freut mich, dass Sie meine mythologische Sprache aufnehmen. Wir werden mit einer Ouvertüre beginnen, wenn Ihnen das recht ist.

Isolde: Mit was für einer Türe … meintest du eine Ofentüre? Du willst mir vielleicht gar einheizen? Pass auf, dass du dir nicht die Finger verbrennst! (*sie lacht sehr amüsiert*).

Tristan: Ouvertüre heißt auf Deutsch Vorspiel.

Isolde: (*hintergründig*) Ach so, verstehe. Ich kann kein Latein, ich hatte in der Schule nur ein bisserl Französisch.

Tristan: Aber ich denke da tatsächlich an etwas Feuriges, Temperamentvolles.

Isolde: Moment! Alles der Reihe nach. Jetzt gib mir zuerst einmal temperamentvoll hundert Euro!

Tristan: (*gibt ihr den Geldschein*) Wie wäre es mit „Carmen"? (*trällert die Melodie*) „Die Liebe von Zigeunern stammet … la-la-la-lalalala-la-la-la".

Isolde: He, Burschi, was ist mit Political Correctness?! Beschimpfen lass ich mich nicht … wir betreiben ein registriertes, ordentliches Gewerbe und zahlen regelmäßig unsere Steuern (*steckt das Geld in ihre Handtasche*).

Tristan: Weil Sie das sagen, kennen Sie schon „Die diebische Elster"?

Isolde: Nein, danke! Aber das ist ein wirklich netter Ausdruck für's Finanzamt.

Tristan: Oder ist Ihnen vielleicht der Gefangenenchor aus „Fidelio" lieber?

Isolde: Bist narrisch worden! Was denn für Häfenbrüder, wo sind die her?

Tristan: Haben Sie noch nie etwas von Beethoven gehört?

Isolde: Nein, da war ich noch nie.

Tristan:     Das ist ein Komponist.

Isolde:      Aber sicher keine Kunde von mir.

Tristan:     Ich sehe, ich werde Sie noch aufklären müssen.

Isolde:      Was? Jetzt staune ich aber! Ich hab geglaubt, Du kannst nicht einmal bis drei zählen, und nun soll ich von Dir etwas lernen. Da bin ich aber gespannt.

Tristan:     Wir könnten es mit dem „Fliegenden Holländer" probieren.

Isolde:      Mit was für einem Holländer? – Wie geht denn der?

Tristan:     Oh, es beginnt sehr dramatisch und aufregend, geradezu aufwühlend. Sie werden das Peitschen der hohen Wellen spüren und wie der Wind um Ihre Ohren pfeift (*er singt das Motiv der Senta-Ballade*) „Jo-ho–ho-hoe!".

Isolde:      Welcher Irre hat denn diese Nummer erfunden?

Tristan:     Der „Holländer" ist von Richard Wagner, dem großen Meister.

Isolde:      Von dem hab ich in unserer Branche noch nie was gehört.

Tristan:     Wenn Ihnen Wagner nicht so liegt, könnten wir es mit Donizettis „Liebestrank" versuchen. Was sagen Sie dazu?

Isolde:      Nein, ich bleib lieber beim Schampus. Mit Drogen hab ich nichts am Hut.

Tristan:     Sie haben recht, es ist eine Droge. Wenn man einmal damit angefangen hat, wird man ganz süchtig und kann nicht mehr davon loslassen. Aber ich habe auch leichtere Kost für Sie, zum Beispiel ein Stück aus der „Zauberflöte".

Isolde:      Was Du für tolle Instrumente hast! Aber deine Zauberflöte brauchst Du gar nicht auspacken. Ich vertrag nämlich den schrillen Ton von der Flöte nicht. Eine Harfe tät' mir besser gefallen.

Tristan:     Oh, wie wäre es damit: Ich weiß da etwas, das zu Ihnen passen würde – „Orpheus in der Unterwelt".

Isolde:      Was? Meinst Du den Besitzer vom Griechenbeisl? Den Gangster kennst Du auch? – Mit dem Unterwelt-Boss darf man aber nicht spaßen. Der hat in seinem Zitherkasten eine Kalaschnikow eingepackt.

Tristan: Oh, ich kann Ihnen aber noch etwas ganz anderes präsentieren. Lieben Sie Shakespeare?

Isolde: Bier - meinetwegen, ich bin eh schon am Verdursten. Aber, bitte, kein irisches Bier, denn das ist mir zu stark.

Tristan: Den „Othello" von Verdi sollten Sie unbedingt kennenlernen. Ich schlage vor, wir fangen gleich mit dem Abendgebet der Desdemona an und begeben uns in die Würgeszene im letzten Akt.

Isolde: Jessas, das ist ein total Verrückter! Komm mir bloß nicht mit solchen Anwandlungen daher!

Tristan: Sie müssen das metaphorisch verstehen. In Wirklichkeit wird die Liebe getötet durch das Gift der Eifersucht.

Isolde: Das wär ja noch schöner! Die Eifersucht schlag' Dir gleich aus dem Kopf. Ich brauche auch all meine anderen Klienten. Von Dir allein könnt ich schließlich nicht existieren.

Tristan: Sie machen es mir nicht einfach. Womit kann ich Sie nur beglücken? Ich kann Ihnen den „Walkürenritt" von Wagner auflegen, wenn Sie möchten.

Isolde: Was? Komm mir bloß nicht wieder mit diesem Ferkel daher! Der Mensch muss eine schmutzige Fantasie gehabt haben.

Tristan: Oder haben Sie eher Lust auf Händel?

Isolde: Hendl? – Endlich ein vernünftiger Vorschlag, weil einen Hunger hab' ich auch schon.

Tristan: Ich muss Sie aber um Geduld bitten, Essen gibt es etwas später. Sie bringen mich jedoch auf eine Idee. Händels „Wassermusik" wäre zum Dinieren sehr gut geeignet.

Isolde: (etwas spöttisch) Dann lass doch die Badewanne ein, damit es ordentlich plätschert.

Tristan: Ja, großartig! Warum bin ich nicht eher darauf gekommen? Und dazu passen am besten „Die Perlenfischer".

Isolde: (lacht verzückt) Warum nicht gar? Ich hoffe nur, Du versenkst ein paar echte Perlen, damit sich das Tauchen auszahlt. Aber wir haben nicht mehr viel Zeit. Ich muss bald zu meinem nächsten Termin.

**Tristan:** Wenn nicht mehr viel Zeit ist, dann kommen wir gleich zum Höhepunkt meines Programms und spielen „Isoldes Liebestod".

**Isolde:** (springt auf) Hilfe, der Kerl will mich umbringen! Nein, den halt ich nicht länger aus. - Hier hast Du dein Geld zurück (*wirft ihm den Geldschein hin*) und such Dir ein anderes Opfer für Deine mörderischen Spielchen!

**Tristan:** (*will sie zurückhalten*) So warten Sie doch! Puccinis „Tosca" wird Ihnen garantiert gefallen – sie stürzt sich am Schluss von der Engelsburg hinunter ...

**Isolde:** O mein Gott! Wie grauenhaft! (*sie stürzt in Panik aus dem Raum*).

**Tristan:** (*er zitiert „Wotans Abschied" aus der „Walküre"*) „Leb wohl, du kühnes, herrliches Kind!" (resignierend) Warum will denn niemand mit mir Opernmusik hören?! Gibt es denn ein reineres Vergnügen?

*In Zeiten des Lockdowns haben viele Kundinnen und Kunden auf den Versandkauf umgestellt, so auch das hiesige Gemeindeamt zwecks Ausstattung des öffentlichen WCs. Dass es dabei zu mancherlei Verwirrung kommen kann, beweist das folgende Telefonprotokoll.*

### PLEASE, HOLD THE LINE!

*Der aus Ungarn stammende Bürstenbinder László Hortobágyi geht in seiner Werkstatt ans Telefon und ruft am Gemeindeamt an. Von dort meldet sich alsbald eine freundliche Stimme in der Vermittlung.*

**Stimme:** Stadtgemeinde, Rosa Schalk. Guten Tag!

**Hortobágyi:** Ja, hier ist der Bürstenbinder László Hortobágyi am Apparat. Kezét csókolom! Küss die Hand! Ich möchte Ihnen nur mitteilen, dass ich die Bürsten, die wo Sie bestellt haben, jetzt fertig gebunden habe – und ob ich Ihnen die Bürsten gleich schicken soll und die Rechnung auch dazulegen?

**Stimme:** Einen Moment, bitte!

**Hortobágyi:** Igen, kerem szépen – ja, bitte sehr!

**Stimme:** Stadtgemeinde, Susi Newerkla – Grüß Gott!

Hortobágyi:  Ja, hier ist Bürstenbinder László Hortobágyi. Möchte ich Ihnen nur mitteilen, dass ich die Bürsten, die wo Sie bestellt haben, ob ich Ihnen die gleich schicken soll und die Rechnung auch dazugeben – bitteschön?

Stimme:  Na, davon weiß ich aber nix – einen Moment, bitte – da muss ich Sie verbinden, gel?!

Hortobágyi:  Tessék, bitte! Wenn Sie so liebenswert sein mögen!

Stimme:  Meldeamt, Hallo!

Hortobágyi:  Äh, Bürstenbinder Ho... Hortbágyi László hier ist, möchte ich Ihnen und der Stadtgemeinde nur mitteilen, dass ich die Sachen, äh ... die ... Bürsten, die ich jetzt fertiggemacht habe, ob Sie die gleich wollen und ob ich sie mit der Rechnung schicken soll und sie hineinlegen, bitteschön, wenn ist möglich?

Stimme:  Hineinlegen? - Moment, ich verbinde Sie mit dem Standesamt. Bei mir sind Sie da völlig falsch.

Hortobágyi:  Ja, den Eindruck habe ich auch. Bitteschön, ist mir auch recht.

Stimme:  Standesamt – Grüß Gott mit'nand! Sie möchten heiraten?

Hortobágyi:  Wie? – Nein! Hortolágyi Bázi ... äh ... Hortobágyi László hier ist. Möchte ich Ihnen bloß mitteilen, dass ich Bürstenbinder bin und ob ich die Bürsten, die ich fertiggemacht habe, gleich schicken kann mit Rechnung!

Stimme:  Tut mir leid, aber ich nehme keine Rechnungen an! Außerdem wird bei mir niemand gebürstet - bei mir werden die Leute gebunden, wenn sie sich trauen. Und jetzt entschuldigen Sie mich, bitte, es kommt wieder eine Partei zu mir. Heute ist gar keine Ruh. Ich geb' Sie weiter auf das Sozialamt.

Hortobágyi:  Köszönöm szépen, Danke vielmals, sehr freundlich von Ihnen! – Da bin ich aber neugierig.

Stimme:  (stotternd)  St...St...Stadtg...ggg...gemeinde,  So...So...So...Sozialamt! (genervt) Wer dort?

Hortobágyi:  Sind Sie schon fertig? - Bitteschön, ich habe es all die anderen am Telefon schon ein paarmal gesagt: László Binder ist am Apparat, bin ich Bürstenbágyi. Möchte ich Ihnen nur mitteilen, dass ich die Sachen, die ... naja, jetzt fällt mir nicht ein! Können Sie mir sagen, ob ich die Sachen, die Sie bestellt haben, gleich schicken und die Rechnung auch mitgeben soll?

Stimme:  Da sind Sie aber ganz verkehrt bei mir, ich verbinde Sie mit unserem Bauamt, mit Herrn Ingenieur Hofbauer.

Hortobágyi:  Wie?

Stimme:  (hochnäsig) Ingenieur Hofbauer.

Horotbágyi: Ja, hier ist der Büstenbauer ... äh ... Büstenbinder ... joi istenem, mein Gott ... Hortobágyi László. Ich möchte Ihnen und der Stadtgemeinde nur mitteilen, dass ich die Büsten, die Sie bestellt haben, jetzt fertig habe und ob ich sie gleich schicken soll und die Rechnung offe ... offerieren, bitteschön, zu Ihnen.

Stimme: Na so ein Durcheinander! Die neuen Büsten vom Bürgermeister brauchen Sie doch nicht in das Bauamt zu liefern, oder sind die vielleicht schon kaputt, noch bevor sie ausgeliefert werden? – Da wenden Sie sich am besten an das Rechnungsamt, die müssen das wissen, wo die Büsten hinkommen sollen.

Hortobágyi: So?

Stimme: Ich verbinde Sie mit Herrn Oberamtsrat Reuß-Kreuzpointner.

Hortobágyi: Was? Wie heißt der? Entschuldigen Sie, könnten Sie, bitte, das nochmals wiederholen und vielleicht buchstabieren? ... Reuß...schneuz ...?

Stimme: (meldet sich ganz schroff) Maier!

Hortobágyi: Wie, wer ist da?!

Stimme: Maier, Rechnungswesen, Büro Oberamtsrat Reuß-Kreuzpointner - wer sind Sie, was wollen Sie?

Hortobágyi: Hortobágyi László bin ich wieder, zum hundertsten Male. Ich bin der Büstenhalter und ich möchte Ihnen das nur jetzt mitteilen, dass ich die Binden, die wo Sie bestellt haben, jetzt fertiggemacht habe und ob ich Sie nachher schicken soll und ich würde die Rechnung auch gleich dazulegen, wenn ist möglich, bitteschön!

Stimme: Ja, da reden Sie am besten gleich mit dem Herrn Bürgermeister persönlich. Ich verbinde Sie mit seinem Sekretariat.

Hortobágyi: Nein, nein, da bin ich schon ... hören Sie mich? Hallo!

Stimme: (eine Wurstsemmel kauend) Stadtgemeinde, Bürgermeisteramt, Krakauer, guten Tag!

Horotbágyi: Ja, hier ist der Dings, der Bürstenmeister. Ich möchte bloß eine Frage stellen, ob ich Ihnen vielleicht das jetzt mitteilen kann, das wegen der Bürger, die ich jetzt fertig habe, ob ich die gleich einpacken und schicken soll und die Rechnung dazulegen. Wenn Sie wollen, kann ich sie auch bürsten – ich hätte jetzt Zeit.

Stimme: Nein, danke, ich bin schon gebürstet. Aber ich gebe Sie weiter. - Hallo, Hasi, da ist einer dran, der ist, glaub ich, vom ungarischen Außenamt. Ich leg auf.

Stimme: (eine Zigarre rauchend) Hier spricht der Bürgermeister. Mit wem habe ich die Ehre?

Hortobágyi: Joi, Herr Bürgerbeißer! Hier ist der Meisterpisser Hortobágyi. Ich möchte Ihnen und der Stadtgemeinde bloß mitteilen, dass ich die Würstel, die wo Sie bestellt haben, jetzt schon fertig entbunden habe, und wenn Sie wollen, kann ich sie einpacken und Ihnen gleich schicken und ich lege die Rechnung auch gleich dazu.

Stimme: Ja, grüß' Sie, Hortobágyi! Warum haben Sie sich denn nicht gleich zu mir verbinden lassen? Schön, dass die Bürsten jetzt fertig sind. – Aber jetzt ist Büroschluss, rufen Sie doch morgen früh wieder an. Tschüssi!

Hortobágyi: Was, jawohl, ja so, danke vielmals, Köszönöm szépen! – *(zu sich)* Was hat er gesagt? Warum soll ich murgen anrufen? – *(in scharfem Ton)* Szeretlek!

Stimme: Aber, Hortobágyi?!

Hortobágyi: Auf deutsch heißt: Ich liebe dich!


*Abschließende Bemerkung: Für die Texte zu „Sag nicht dauernd so nette Sachen zu mir" und „Please, hold the line!" dienten mir die zwei Dialoge „Streit mit schönen Worten" und „Buchbinder Wanninger" des von mir hoch verehrten Münchner Humoristen Karl Valentin zum Vorbild. Sie werden es vielleicht erkannt haben. Beide Stücke habe ich im Rahmen der Faschingssitzungen der Gilde Oberndorf-Herzogenburg zusammen mit Christine Artner zur Aufführung gebracht, die mir beim Sketch „Please, hold the line!" auch als Co-Autorin zur Seite gestanden ist..*

# LIEDER MIT ANDEREN WORTEN

*Humor, sagt man, hilft eine Krise durchzustehen.*
*Deshalb sei folgender Beitrag gestattet:*

### ICH WOLLT', ICH WÄR' KEIN HUHN

*Erinnerungen an eine überstandene Pandemie (Anno 2006)*
*nach der Devise „Und trotzdem haben wir noch gelacht"*


Ein Schwan auf dem Neusiedlersee
ist müd' und altersschwach.
Er sagt der schnöden Welt Adieux
und wird nie wieder wach.
Und als er leblos liegt im Nest,
ist man ganz aufgeregt,
und schickt den Schwan nach Budapest
als Wissenschaftsobjekt.

Refrain:

Ich wollt', ich wär kein Huhn
und wäre auch immun,
die Vogelgrippe stört mich nicht
noch Stallaufenthaltspflicht.
Ich fräß' in größter Not
kein Körndl und kein Schrot
und kröch ein Regenwurm herbei,
dann ließe ich ihn frei.
Ich bräuchte nie mehr in den Stall
und hätte freie Partnerwahl.
Drum hab' ich mir gedacht:
Ich wollt', ich wär kein Huhn
und wäre ganz immun.
Die Vogelgrippe kriegt ich nie
und keine Pandemie.

*****

In Hongkong ist man äußerst scharf,
was denkt man sich da bloß?
Kein Haustier man dort küssen darf,
das ist doch kurios!
Und ist ein Papagei verrückt
nach Frauchens süßem Mund,
wird er in den Arrest geschickt,
weil Schnäbeln ist nicht g'sund.

| Refrain: | Ich wollt' ... |
|---|---|

Die Eierpreise sinken jetzt,
kein Mensch isst Ham and Eggs.
Die Legehühner schreien entsetzt:
Wir sind schon ganz perplex!
Wir reißen uns die Ärsche auf,
das ist für uns kein Spaß.
Verweigert ihr den Eierkauf,
dann sch...reiben wir euch was!

| Refrain: | Ich wollt' ... |
|---|---|

Ein Storch sucht auf der Autobahn
zur Landung einen Ort.
Er setzt sich wie ein Aeroplan
auf's Dach von einem Ford.
Die Frau des Fahrers ängstlich wird,
sie stöhnt: „Bleib steh'n geschwind!"
Nicht hat der Storch sie infiziert -
o nein, sie kriegt ein Kind!

| Refrain: | Ich wollt' ... |
|---|---|

Das Serum kostet sehr viel Geld.
Da ich kein Krösus bin,
gibt es für mich auf dieser Welt
nur eine Medizin:
Ich trinke täglich Whiskey pur
und auch ein Stamperl Rum.
Die Vogelgripp' befällt mich nicht, nur
das Delirium.

*Post scriptum: Voll Stolz und Selbstbewusstsein kräht jedoch der Hahn in Frau Amalias Garten, denn die Eier seiner Hühner werden ins Stift geliefert und von den Chorherren verzehrt. Wer würde das an seiner Stelle nicht auch tun?*

## WAS MIR UNLÄNGST GETRÄUMT HAT

*Ein paar Ungereimtheiten in heiteren Versen über einen, der sich an die*
*Ausgangsbeschränkungen nicht so streng gehalten hat.*
*Zu singen nach der Melodie:*
*„I marschier' mit mein' Duli-Dulieh" von Karl Loube.*

Man hat geöffnet vom Urban den gläs'nern Sarg
und entdeckt, was sich lange dort gut verbarg:
eine Flasche Veltliner zum Vorschein kam.
Ja das ist doch wahrlich äußerst wundersam!
Der sel'ge Urban steigt nachts aus dem Sarg hervor
und schleicht heimlich sich fort durch das Kirchentor.
Drausst in Wielandsthal trinkt er manch' Flascherl aus
und kommt morgens erst ins Stift nach Haus.

Refrain:      Bei der Nacht wackelt lustig und ganz blass
ein Skelett namens Urban auf der Straß',
und die Hunde bell'n aufgeregt ihm nach,
dass die Leut' in der ganzen Geg'nd werd'n wach.
Doch dem Urban, dem ist das völlig Wurscht,
er trinkt fröhlich sein Weinderl geg'n den Durscht
und er wankt durch die Prandtauer-Allee
mit sei'm Schwipserl und hält die Welt am Schmäh.

*****

Neulich hat er gelieh'n sich ein flottes Rad,
das gehört für gewöhnlich dem Herrn Plälat.
Mit dem gondelt der Urban nach Wielandsthal
und vergnügt sich dort schon wieder mal.
Bei der Heimfahrt, da stoppt ihn ein Polizist,
der erschrickt, als er sieht dieses Knocheng'rüst.
„Ich bin Zeitzeuge", sagt es, „der Ewigkeit.
Geben S'mir g'fälligst jetzt ins Stift Geleit!"

Refrain:      Bei der Nacht …

Wenn es Tag ist, schläft er friedlich vor sich hin,
schelmisch lächelnd und grinsend mit seinem Kinn.
Und es stört ihn auch nicht der Besucherstrom,
der dem Weinpatron nun huldigt fromm.
Winzer, Wallfahrer, Pilger und and're Leut'

woll'n bestaunen das Weinwunder Urbans heut'.
Und sind fort aus dem Stift dann die vielen Gäst',
auch Sankt Urban seine Ruhstatt schnell verlässt:

Refrain:     Bei der Nacht …


*Nota bene: Das Diözesanmuseum hat beim Stift Herzogenburg angesucht, die Reliquie des hl. Urbanus als Leihgabe in einer Ausstellung präsentieren zu dürfen. So bietet sich ihm doch noch eine Gelegenheit, seine gewohnte Ruhestätte in der Stiftskirche vorübergehend zu verlassen und dabei auch eine grundlegende Restaurierung, sprich „Verjüngungskur", zu erfahren.*


*Über dem Stiftsweinkeller in Wielandsthal, einem Ortsteil von Herzogenburg, befindet sich ein stattliches barockes Presshaus mit einem Obergeschoß, in dem ein Augenspezialist seine Wohnung eingerichtet hat. Der Facharzt und der Kellermeister bilden dort eine ideale Symbiose für Heilung suchende Menschen.*
*(Es handelt sich um Dr. Wolfram Geyer, Bewohner des Kellerschlössels und Augenarzt, und Dr. Hans-Jörg Schelling, Kellereipächter und dereinst Chef der Krankenkassen sowie Finanzminister.)*

### *GESUNDHEITSZENTRUM*
### *WIELANDSTHALER KELLER*

*Zu singen nach der Melodie „Jung san ma, fesch san ma" von Robert Stolz*


Der Arzt hat mir Tabletten geb'n,
er möcht' leb'n und ich möcht' leb'n.
Drum nehm' ich's lieber nicht ein
und werf sie in den Mist rein.
Mein Mag'n verträgt die Pulver nicht,
am End' krieg ich davon die Gicht.
Doch ich weiß mir einen Rat,
wer ein Mittel hat.

Vergesst auf eure G'sundheit nicht,
der Medizinmann spricht:

Alt san ma, krank san ma,
also fahr'n wir alt und krank

nach Wielandsthal hinaus.
Krank san' ma, blank san' ma,
also geb'n wir's letzte Geld
für'n Doktor Schelling aus.

Ein Flascherl Messwein
kann Medizin sein,
wir nehmen's gern ein,
wann es die Krankenkasse zahlt.
Denn der Veltliner
stärkt uns're Glieder
und nach drei Achterln Riesling
fühlst du dich dann nicht mehr alt.

Jung san ma, g'sund san ma,
ja, wir kommen frisch und froh
von Wielandsthal zurück.
Jung san ma, g'sund san ma,
die Medizin, die ist für uns ein Glück!

\*\*\*\*\*

Ich seh' mit meiner Brille schlecht,
obwohl ich so gern lesen möcht'.
Die Leut' seh' ich verschwommen
und bin schon ganz benommen.
Für neue Gläser fehlt mir's Geld,
so taste ich mich durch die Welt.
Ein Glas jedoch, das fällt mir ein,
da schau' ich gern hinein.

Ich heb' das Glas, es ist kein Spaß,
ich seh' jetzt wieder was!

Alt san ma, schlecht seh'n tan ma,
also fahr'n wir alt und blind
nach Wielandsthal hinaus.
Blind san ma, blank san ma,
also geb'n wir's letzte Geld
für'n Doktor Geyer aus.

Ein Muskateller
im tiefen Keller,
dann wird es heller
und du kannst alles doppelt seh'n!

Du siehst die Fässer
gleich noch viel besser
beim achten Achtel
wirkt sogar a alte Schachtel schön.
Jung san ma, seh'n tan ma,
ja, wir kommen frisch und froh
von Wielandsthal retour.
Jung san ma, seh'n tan ma
und freu'n uns auf die nächste Augenkur!

Drückt dich einmal wo der Schuh
und die Seel', die find' ka' Ruh',
plagt dich dein Gewissen,
hat es dich gebissen.
Fahr hinaus nach Wielandsthal,
beichte deine Seelenqual.
Nach einem Schluck Prälatenwein
wird deine Seele rein.

Hergeschaut, auf Gott vertraut,
und sagen wir es laut:

Alt san' ma,  schlimm war'n ma,
so fahr'n wir alten Sünder halt
nach Wielandsthal hinaus.
G'sündigt hab'ma, blank san' ma,
drum geb'n wir unser letztes Geld
für eine Wallfahrt aus.

Der Saft der Reben
schafft neues Leben.
Dir wird vergeben,
was du für Dummheiten gemacht.
Trinkst du den Stiftswein,
wirst du ganz fromm sein
und hörst der Englein
„Halleluja" bis zur späten Mitternacht.

Fromm san' am, brav san' ma,
also fahr'n wir fromm und brav
von Wielandsthal nach Haus.
Fromm san' ma, brav san' ma,
also fahr'n wir morgen wieder raus!

*Vier Jahrzehnte lang war Propst Maximilian Vorsteher des Augustiner-*
*Chorherrenstiftes Herzogenburg. Somit wurde er einer der längst regierenden Äbte.*
*Zu seinem 70. Geburtstag 2010 habe ich ihm ein Ständchen geschrieben.*
*Die Melodie ist von einem viel Berühmteren als mir.*

### AUF DEN HERRN STIFTSPROPST

*Zu singen nach der Arie „Der Vogelfänger bin ich ja"*
*aus dem Singspiel „Die Zauberflöte" von Wolfgang Amadeus Mozart*

Der Propst von Herzogenburg bin ich,
stets lustig, heissa, Ihr kennt mich!
Ich Propst Maximilian bin bekannt,
bei Alt und Jung im ganzen Land.
Weiß mit den Brüdern umzugehn,
als Hirt der Herde vorzustehn.
Drum kann ich froh und lustig sein,
denn alle Chorherren sind ja mein.

Nun zähle ich schon siebzig Jahr,
Ihr glaubt es kaum, doch es ist wahr!
Ich bleibe durch das Radfahr'n frisch
und bin Asket beim Mittagstisch.
Um alt zu werden weiß ich nur
das Klosterleben als beste Kur!
Du singst frühmorgens froh im Chor,
stellst dir die Brüder als Engel vor.

Neunhundert Jahre sind gezählt,
seit dieses Stift ist auf der Welt.
Verfallen, runzlig, alt und grau
war rundherum der ganze Bau.
Ich Fleischermeister kenn mich aus
und bring Millionen in das Haus.
Das Stift erneuert habe ich,
jetzt strahlt es schön und jugendlich.

Ich denk noch lang nicht an den Ruhestand,
geb's Zepter nicht gleich aus der Hand.
Doch wenn ich eines Tages nicht mehr Propst sein soll,
heg ich im Herzen keinen Groll.
Zur Feder greife ich mit Freude dann
und fang ein neues Buch zu schreiben an.

Mit Humor und Klugheit bring ich zu Papier,
welch Seligkeit wohnt hinter einer Klostertür.

Auch Herrn Landeshauptmann Erwin Pröll*
schätz' ich als Freund und Weggesell.
Die neue Donaubrücke** ist sein jüngstes Kind,
auf ihr kommt vorwärts man geschwind.
Der Drachentöter Georg hält die Wacht
und schützt die Fahrzeuge bei Tag und Nacht.
Doch der Wurm fegt weg mit seinem langen Schwanz
den Sepp Leitner und die liebe Rosenkranz*.

* Herr Leitner und Frau Rosenkranz waren damals die Vertreter der Opposition im Landtag.

** In der Mitte der Donaubrücke St. Georg befindet sich eine Skulptur, die den hl. Georg, den Drachentöter, darstellt.

# ESELSOHREN – GROSSER LAUSCHANGRIFF

*Die Pfarrnachrichten der Pfarre Herzogenburg „impulse" haben*

## ESELSOHREN.

## WAS DER ESEL MORO AUFGESCHNAPPT HAT,

*ist auf den nächsten Seiten zu lesen.*

*Kann sein, dass er mit seinen langen Ohren nicht immer alles richtig verstanden hat.*
*Nehmen Sie ihm das, bitte, nicht übel und genießen Sie den tierischen Humor.*

## KLOSTERGEIST UND GEISTLICHE GEFÄSSE

Im Kloster muss man normalerweise früh aufstehen. Doch manchmal tun sich auch Ordensleute mit dem Munterwerden schwer. Die Frau Mesnerin musste per Telefon einen säumigen Chorherrn wecken, damit er die Frühmesse nicht verschläft. Ganz biblisch fragte sie: „Bist du der, der da kommen soll, oder müssen wir auf einen andern warten?" (Matthäus 11,3)

Die Einführung des generellen Rauchverbots in allen Gaststätten unseres Landes wurde auch im Stift Herzogenburg sehr ernst genommen. Im Sinne der Gesundheit wird danach getrachtet, mit gutem Beispiel voranzugehen. Als der Stiftsdechant, ein strenger Asket, dem Novizen rauchend auf dem Stiftshof begegnete, stellte er ihn ermahnend zur Rede: „Herr Novize! Warum sollen Sie nicht mit brennender Zigarette über den Stiftshof gehen?" Dieser fasste die Frage offenbar als Aufforderung auf und entgegnete: „Sie haben Recht, Herr Dechant, warum eigentlich nicht?"

Der Heinrich hat eine Schwester, die Ordensfrau in einem Kloster ist. Nachdem er sie schon längere Zeit nicht mehr gesehen hat, beschloss er, sie mit seinem Besuch zu überraschen. Er dachte, dass sie ohnedies leicht anzutreffen wäre, da sie ja das Kloster kaum verlassen dürfe. Als er sich bei der Pforte nach ihr erkundigte, wurde er allerdings enttäuscht. „Tut mir leid. Schwester Fredigundis wird nicht zu sprechen sein, wenn Sie nicht angemeldet sind.", brachte ihm die etwas harsche Pförtnerin zur Kenntnis. „Sie ist nämlich sehr beschäftigt, seit sie ehrwürdige Mutter geworden ist.", fuhr sie fort und meinte damit, dass die Mitschwester Oberin des Klosters geworden sei. Ihr Bruder missverstand sie allerdings und entgegnete: „Na, so was, das hat sie mir gar nicht geschrieben, dass sie ein Kind bekommen hat!"

Das Jubiläumsjahr des Stiftes muss für den Herrn Propst wie Weihnachten gewesen sein. Laufend sind die Geschenke von den Sponsoren eingetroffen. Mitunter hat ihn das sogar von seiner Andacht abgelenkt. Einmal hat er sich beim Chorgebet versprochen und bei den „Weisungen des Herrn" vermutlich an die Geldzuwendungen gedacht, als er sagte: „Herr, an deinen Überweisungen habe ich meine Freude".

Im Zug von St. Pölten nach Herzogenburg ist eine Dame mit zwei jungen Herren, die ihr gegenüber saßen, ins Gespräch gekommen. Die beiden gut aussehenden und überaus freundlichen Männer schnitten ganz unvermittelt das Thema Religion an und sprachen über die nahe Wiederkunft des Messias, worauf die Frau ihnen ein wenig verunsichert die Frage stellte, ob sie auch katholisch seien. „Nein, wir sind Mormonen", bekam sie zur Antwort. „Ach so, ich verstehe. Ich habe mir gleich gedacht, dass sie vom Stift sind!", erwiderte die Dame, sichtlich beruhigt über die Auskunft.

Um Martini haben wieder vielerorts die „Weintaufen" stattgefunden, zu denen sich auch gerne die örtliche Prominenz versammelt. Die Anwesenheit eines hohen Geistlichen und einer Weinkönigin verleiht einem solchen Ereignis besonderen Glanz. Der Prälat hat bei einer Segnung in einer landwirtschaftlichen Schule angeregt, man sollte dem Vorbild der Winzer folgend für die Milchwirtschaft eine Milchkönigin erwählen. - Das genaue Anforderungsprofil dafür müsste noch überlegt werden.

Spät abends läutete das Telefon beim Gastmeister im Stift. Als er abhob, erschrak er ein wenig, denn ein Polizist meldete sich. Der erklärte ihm, dass zwei Männer, die behaupteten, sie seien Gäste vom Propst, wegen zu heftigen Weinkonsums bei einem Heurigen ziemlich desorientiert waren, weshalb er Eine von ihnen in eine Glastüre getaumelt sei und diese zerbrochen habe. Der Mitbruder entgegnete, das sei wohl ein Irrtum, denn er wisse nichts von diesen Gästen, und sie könnten vielleicht auch anderswo ausnüchtern als in einer Klosterzelle. Wie sich später herausstellte, waren die Herren keine Gäste des Stiftspropstes, sondern logierten in einer Pension namens „Propst". Daran sieht man, dass Betrunkene doch die Wahrheit sprechen.

Am Ende des Gesprächsabends mit dem muslimischen Imam und dem jüdischen Rabbiner im Stift überreichte der Propst einige Geschenke. Als er mit einer Doppelpackung Messwein auffuhr, war die Spannung groß, wem er diese wohl geben werde. „Sie dürfen keinen Wein trinken und bekommen ihn deshalb nicht", sagte er zum Imam - und gegenüber dem Rabbiner meinte er: „Ich weiß nicht, ob der Wein koscher ist, darum kann ich ihn Ihnen auch nicht geben." Schließlich wurde der katholische Gesprächsmoderator damit bedacht, denn bei ihm war das Geschenk unverfänglich. Angeblich gibt es für das Trinken des Stiftsweins sogar einen Ablass von Rom, so versprach es zumindest der Stiftspropst.

Vor 50 Jahren hatte so mancher unter uns noch eine schlanke, jugendliche Figur. Die Glockenhosen und Hemden mit Blütenkrägen der damaligen Hippiekultur sind nicht nur längst aus der Mode gekommen, sondern würden den meisten, die sie dereinst getragen haben, wohl nicht mehr passen. Ein etwas stärkerer älterer Chorherr suchte neulich eine Boutique für Bekleidungen auf, um sich eine Hose und ein Sakko zuzulegen. Die Verkäuferin sah ihn etwas verständnislos an und wies mit Bedauern darauf hin, dass es in ihrem Geschäft für Kunden seiner Statur keine entsprechenden Größen gäbe. Sichtlich verärgert über die diskriminierende Behandlung erwiderte der Mitbruder: „Na und, soll ich mich jetzt deswegen wegräumen?"

So mancher Spott über die Kirche hat seinen Grund in der Unkenntnis der Verhältnisse. Eine Journalistin, die über das Stift recherchierte, wunderte sich in ihrem Zeitungsartikel über ein Türschild am Gang mit der, wie sie meinte, läppischen Aufschrift „Herren" (Nona – in einem Haus, wo nur Männer leben, dachte sie wohl). Sie bedachte jedoch nicht, dass das Stift auch viele weibliche Gäste hat, die auch manchmal müssen. Vielleicht wäre aber ein männlicher Kollege noch mehr über das Schild „Damen" in einem Männerkloster irritiert gewesen.

Zu Neujahr kommt ein Rauchfangkehrer in das Stift, um dem Herrn Propst ein gutes Neues Jahr zu wünschen. Etwas amikal stellt er fest, dass sie beide schwarz seien. Der Propst erwidert ihm daraufhin: „Ja, das stimmt. Aber ich bin geweiht und Sie sind geselcht."

Frater Remigius ist in ein Benediktinerkloster eingetreten, nachdem er sich von seiner Frau getrennt hat. Da kein kirchliches Eheband bestanden hat, war dies rechtlich kein Problem. Dennoch hielt er Kontakt zu seiner Exfrau und zu seinen beiden Söhnen. Zum Elternsprechtag kam er im Habit in die Schule und löste Verwunderung aus, nachdem ihn ein Lehrer fragte, ob er der Onkel sei, und dieser zur Antwort bekam: „Nein, ich bin der Vater." Schwester Theresia war nach dem Tod ihres Mannes ebenfalls ins Kloster gegangen. Sie hatte damals bereits einen erwachsenen Sohn. Als dieser sie auf der Straße mit einer Umarmung und einem Kuss auf die Wange begrüßte, waren die anderen Passanten auch etwas verwirrt.

## GOTTES WUNDERSAMES GEWÄCHSHAUS

Nicht nur „ketzerische" Schriften schleichen sich manchmal in ein frommes katholisches Haus ein. In einem Pfarrheim hing längere Zeit im Eingangsbereich eine Hexe, auf einem Besen reitend, von der Decke. Ein gottesfürchtiger Mann war durch deren Anwesenheit jedes Mal verstört, wenn er den Raum betrat, sodass er sich entschloss, den Seelsorger über seine Bedenken zu informieren: „Finden Sie nicht auch, Herr Pfarrer, dass in einem kirchlichen Gebäude eine Hexe nichts verloren hat?", worauf dieser antwortete: „Guter Mann, vor der brauchen Sie sich nicht zu ängstigen, die ist nur eine Puppe – aber vor den lebenden sollten Sie auf der Hut sein."

Wir dürfen uns glücklich schätzen, im Zuge der Eröffnung des neuen Schnellstraßenanschlusses „Herzogenburg Stadt" hat die Stadtgemeinde auch einen wesentlichen Beitrag zur moralischen Aufrüstung und zur Verbesserung der Sitten geleistet. Seither gilt nämlich ein allgemeines Lasterverbot in der Innenstadt. Eine Ausnahmegenehmigung bekommen hoffentlich all jene, die ihre Laster im Stift bei der Beichte abladen möchten.

Gut, wenn man das Handy immer dabeihat. Der Herr Pfarrer stand morgens mit den Sternsingern vor verschlossener Haustür. Der Hausherr war nicht anzutreffen. „Den sehe ich heute Abend noch", sagte der Geistliche und bat die Drei Könige, ihr Lied auf sein Handy zu trällern, damit er es dem Langschläfer beim Treffen in der „Sportsbar" vorspielen kann. Nicht nur er, auch die anderen Freunde spendeten großzügig und luden den Pfarrer auf je ein Achterl Wein ein.

Im Dorfwirtshaus sitzen jeden Sonntagvormittag einige Männer beim Kartenspiel - das ist ein festes Ritual. Die Frau Wirtin hat, weil sie etwas darauf hält, an der Schank immer das Radio mit der Übertragung der Sonntagsmesse aufgedreht, sodass alle mithören können oder müssen. So kommt auch die Schnapser-Kartenrunde zu ihrem sonntäglichen Gottesdienst, ob sie will oder nicht. Wie wichtig ist doch für die Verbreitung des Glaubens ein Kirchenwirt vor Ort.

Heilige sind zwar nicht bestechlich, aber wenn man ihnen für die Erhörung einer Bitte etwas verspricht, schenken sie einem vielleicht mehr Aufmerksamkeit. Der hl. Antonius ist bekanntlich für das Verlorengegangene zuständig. Im Falle des Wiederfindens eines verlegten Schlüssels hat ihm ein frommer Katholik einen Geldbetrag für den Opferstock in Aussicht gestellt. Manchmal verhält es sich so, dass ein Gegenstand sich ganz in der Nähe befindet, man sieht nur nicht richtig hin. So war es auch in diesem Fall. Kurz nach seinem Stoßgebet tauchte der Schlüssel wie von selbst auf, worauf der Mann meinte: „Das war ja nun wirklich keine Kunst, den hätte ich ohne deine Hilfe auch ganz leicht gefunden!"

Das Pilgern *per pedes*, wie der Lateiner sagt, also zu Fuß, ist in den letzten Jahren geradezu in Mode gekommen. Viele gehen sogar weite Strecken, um zu sich selbst zu finden, oder vor großen Entscheidungen und an Lebenswenden die Zeit zum Reflektieren zu finden. Ein Mann aus der Pfarre erzählte einem Bekannten: „Für mich beginnt jetzt ein neuer Lebensabschnitt. In den nächsten Wochen bin ich zu Fuß unterwegs." Sein Gegenüber hatte das anscheinend missverstanden und fragte ein wenig verdutzt: „Wie? Hat man dir den Führerschein weggenommen?"

Anlässlich des Leopoldifestes gab es wieder einen großen Bahnhof beim festlichen Empfang durch die Landesregierung. Auch die hohe Geistlichkeit war vertreten, um den Landespatron gebührend zu feiern. Einer der Äbte wurde von einem Journalisten gefragt, ob Politiker auch in unserer Zeit so wie einst der Markgraf Leopold heilig werden könnten. Überzeugt antwortete dieser: „Natürlich, jeder kann ein Heiliger werden, selbst der größte Gauner, wenn Gott es will."

Zwei Abgesandte aus der Diözese suchten den Herrn Pfarrer in seiner Kanzlei auf und beanstandeten, dass diese auf Grund mangelhafter Beschilderung nur schwer zu finden sei. Der Pfarrer wunderte sich etwas über die Kritik der gebildeten, intelligent wirkenden Herrschaften und erwiderte: „Komisch, ich kann mich über Besuchermangel nicht beklagen. Bettler und Leute, die kaum Deutsch verstehen, finden immer zu mir herein." Selig sind die Armen, denn sie haben wohl das bessere innere „Navi".

„Einsamen-Weihnachten" nennt der Herr Propst die Radiosendung am Heiligen Abend, wo er gemeinsam mit dem Rundfunkintendanten (nicht zu verwechseln mit dem Superintendenten in der evangelischen Kirche) über das Fest sinniert. Damit die Hörerinnen und Hörer das Gefühl der Echtheit bekommen, rascheln die beiden zum Schein mit Geschenkpapier als ob sie gerade ein Geschenk auspackten. Als der Propst einmal eine Kerze anzünden wollte, da löste er damit ungewollt den Feueralarm im ORF-Studio aus – und der war echt.

Wenn ein Priester Fußballfan und des öfteren bei einem Match zu sehen ist, erweckt das bei vielen Gleichgesinnten Sympathie für ihn und die Kirche. Wie andere Vereine haben manche Fußballklubs sogar einen eigenen Seelsorger wie zum Beispiel der angesehene Verein Rapid Wien. Der junge Priester, der die dazugehörigen Kicker betreut, ist natürlich ein Vollblut-Rapidler - und nicht nur am Fußballplatz. Aber einmal enttäuschte er seine Schäfchen und sie vermuteten, er habe seinen Glauben verloren. Bei einem Gottesdienst hatte er den gegnerischen „Schal" um. Anstatt der grünen hat er eine violette Stola getragen! Zum Vereins-Credo gehört nun mal die Farbe Grün unabdingbar dazu, das hätte er bedenken müssen.

Der Pfarrer einer Gemeinde möchte für seine Kirche eine neue Glocke anschaffen, damit das Geläute noch klangvoller und feierlicher wird. Allerdings fehlt ihm dazu das nötige Geld in der Kassa. In der Karwoche, wo die Glocken bekanntlich nach Rom fliegen und bis zum Auferstehungsfest durch die Ratschen ersetzt werden, hatte der Geistliche die Idee, die Glocken in Rom und die Ratschen so lange vom Kirchturm rattern zu lassen, bis der Opferstock in der Kirche ausreichend mit Spenden gefüllt sei. Man kann sich vorstellen, dass viele Gläubige unter diesen Umständen gerne einen Obolus und auch etwas mehr gegeben haben, damit die Glocken bald aus der Quarantäne zurückkehren.

Der Herr Pfarrer besucht ganz gerne des öfteren eine befreundete Familie in seiner Pfarre. Manchmal nimmt er auch den einen oder anderen Mitbruder in das gastliche Haus mit, was den erfreuten Hausherrn zu der Feststellung veranlasst hat: „Alle reden davon, dass es zu wenige Geistliche gibt. Bei uns im Haus herrscht jedenfalls kein Priestermangel."

Beim Sonnwendfeuer war es recht windig, sodass etliche Rußflankerln durch die Luft geflogen sind. So mancher Besucher hat deshalb, ohne es zu ahnen, einen schwarzen Fleck auf der Stirn gehabt. Ein witziger Mensch bemerkte dazu: „Ich komme mir vor wie am Aschermittwoch, weil so viele mit dem Aschenkreuz herumrennen. Nur an diesem Abend sind's etwas mehr als in der Kirche."

Die Priester bemühen sich heutzutage sehr, die Sprache im Gottesdienst an unsere Zeit anzupassen. Dabei verwenden sie auch gerne Metaphern oder Bilder, die dem modernen Menschen entsprechen, wie zum Beispiel „Internet des Heiligen Geistes". Manchmal geschieht eine solche Aktualisierung auch unabsichtlich. Ein Zelebrant wollte zu Pfingsten über die Ausgießung des Geistes in Feuerzungen reden. Bei ihm hieß es jedoch: „Der Heilige Geist kam in Gestalt von Feuerzeugen auf die Jünger herab.

Zum Baden im Toten Meer muss man geübt sein, weil ganz schnell kann man den Boden unter den Füßen verlieren, wenn es einem die Beine hochzieht. So ist es auch einem Herrn in einer Pilgergruppe ergangen. Verzweifelt hat er nach Hilfe gerufen und ein anderer hat ihn vom Ufer aus gefragt, was für ein Problem er habe, worauf jener ihm antwortete: „Ich hab' keinen Grund!" Der hilfsbereite Mann entgegnete ihm empathisch: „Ja, warum schreien Sie dann so, wenn Sie gar keinen Grund haben?"

Die Frau vom Fleischhauermeister hat nach Ladenschluss zu ihrem Gatten gesagt: „Du, ich geh jetzt ins Stift zum Beichten." Darauf hat er gemeint: „Erzähl aber nichts vom G'schäft – du weißt schon, über das Faschierte – weil das Stift ist eine gute Kundschaft von uns."

Einst gab es in den Pfarrgemeinden die sogenannte Volksmission. Die Gläubigen sollten durch eloquente und überzeugende Gastprediger auf ihrem Weg bestärkt und zum rechten christlichen Verhalten geführt werden. So wurde auch die männliche Jugend in den Pfarrsaal einberufen, um den Ausführungen des Missionars zu folgen. Dieser hatte sich beim örtlichen Pfarrer natürlich vorher erkundigt, wo deren Schwächen lagen, um ihnen ins Gewissen zu reden. Es war nicht schwer zu erraten. Die aufreizende Mode der jungen Frauen, so hatte er erfahren, gefährde die Tugendhaftigkeit der Dorfjugend. Die Burschen würden ihnen ständig begehrliche Blicke zuwerfen. Der Geistliche ermahnte sie daher: „Ihr dürft nicht bloß auf das Äußere schauen, ihr müsst vielmehr nach der inneren Schönheit suchen!" Dieser Aufforderung zu folgen, war manchem sehr willkommen.

Der Lois ist als Kapellmeister viel herumgekommen und spielte mit seiner Blasmusik auch häufig bei Gottesdiensten. Bei einer Wallfahrt in eine burgenländische Dorfkirche begleitete er mit seinen Musikanten eine Heilige Messe in kroatischer Sprache. Nach dem Gottesdienst bedankte er sich beim Pfarrer für die zu Herzen gehende Predigt. Dieser fragte ihn erstaunt, ob er denn Kroatisch verstehe. „Nein," antwortete ihm der Lois, „das nicht, aber ich habe es an der Betonung gemerkt."

## ARCHE NOE – EINE KLEINE ZOOLOGIE

Über Klosterschwestern reißt man wegen ihrer Ordenstracht, und weil sie meist einen Schleier tragen, gerne Witze. Schwester Beatrix kam dem zuvor, als sie einen Vortrag über Ordensfrauen hielt, und zeigte, dass ihr sehr wohl bewusst sei, womit sie und ihre Mitschwestern spöttisch verglichen werden, besonders wenn sie im „Rudel" auftreten. Deshalb begrüßte sie das Publikum, indem sie überraschend einen Pinguin aus Plüsch aus ihrer Tasche zog und fragte: „Wissen Sie, was uns von einem Pinguin unterscheidet? – Wir essen nur freitags Fisch und Eis gibt´s bloß im Sommer". Humorvoller Angriff ist eben doch die beste Strategie.

Während des Noviziats muss der Novize auch praktische Arbeiten verrichten. Dazu gehört in der wärmeren Jahreszeit die Pflege der stiftlichen Gärten. Ein Novize, der davon nicht sonderlich begeistert gewesen ist, hat dabei nähere Bekanntschaft mit den Schafen gemacht, deren Aufgabe es ist, den Rasen im Garten abzugrasen. Offenbar gestört durch den fremden menschlichen Eindringling blökte ihn die Herde etwas unfreundlich an. In derselben Tonlage erwiderte der aus Polen stammende junge Mann in seiner Muttersprache: „Haut ab! Von euch lasse ich mir nichts anschaffen!" Ob sie ihn verstanden haben, sei dahingestellt.

Ein Mitbruder ist mit einer Pilgergruppe nach Rom gefahren und hat bei einer günstigen Gelegenheit einen Friseursalon aufgesucht. Da seine Sprachkenntnisse in Italienisch nicht sehr umfangreich sind und er dem Friseur dennoch erklären wollte, welchen Schnitt er für sein ziemlich schütter gewordenes Haupthaar wünsche, griff er kurzerhand in seine Brieftasche und zückte ein Foto hervor. In der Meinung, es wäre ein Porträt von ihm, deutete er versehentlich auf ein Foto, auf dem der Pudel seiner Schwester abgebildet ist, und gab dem Figaro zu verstehen: „Così! So hätt' ich es gern, per favore!"

Es war Latein-Schularbeit in einer Klasse der Oberstufe. Der Professor machte einen Kontrollgang durch die Reihen und entdeckte, dass sich im Bankfach eines Schülers ein zusammengefaltetes Blatt Papier befand. Nachdem er am Fleiß und an der Sprachbegabung des jungen Mannes schon lange gezweifelt hatte, argwöhnte er sofort, dass es sich dabei um einen Schwindelzettel handelt. Also stellte er den Schüler zur Rede: „Birbaumer, du hast einen Schummler im Bankfach!?" Dieser gab sich völlig überrascht und leugnete. Ungläubig forderte der Lehrer den Ertappten auf, ihm den verdächtigen Zettel auszuhändigen. Das sei kein Schwindelzettel, beteuerte jener nochmals und gab ihm das Papier anstandslos heraus. Der Professor entfaltete triumphierend das Beweisstück; es verfinsterte sich jedoch alsbald seine Miene, als er darauf zu lesen bekam: „Asinus sum - Ich bin ein Esel." Kommentarlos riss der Blamierte das Corpus Delicti entzwei.

In einer Pfarrgemeinde wurden die Gläubigen eingeladen, am Samstag Vormittag in die Kirche zur Osterbeichte zu kommen. Der Seelsorger ließ eigens die Kirchentür weit offen stehen, um zu signalisieren, dass jede und jeder willkommen sei. Dass kaum jemand von diesem Angebot Gebrauch gemacht hatte, lag vielleicht daran, dass im umliegenden Wald an diesem Vormittag eine Treibjagd veranstaltet wurde. Von den Schüssen der Jagdgewehre verunsichert und eingeschüchtert war offenbar auch ein Hase, der in die Kirche flüchtete, um sich in Sicherheit zu bringen. Warum soll die Kirche nicht auch einem vierbeinigen Geschöpf, das in Not geraten ist, Asyl gewähren?

Die Ausgangsbeschränkungen während der Corona-Krise sind nicht spurlos an den Menschen vorüber gegangen. Wochenlang hatten auch die Friseurgeschäfte geschlossen. Dieser Umstand und manch anderer haben sich auf das Äußere vieler, die sich im „Home-Office" aufhalten mussten, sichtbar ausgewirkt. In einigen Tiroler Tälern war die Bevölkerung durch die strenge Quarantäne längere Zeit von der Außenwelt abgeschirmt. Von erschreckend heiteren Gefühlen war daher manche Begegnung mit Landsleuten begleitet. „Ah, greili (grauslich)! Wo kemmts denn ös lausige Hund' daher?", hat ganz entsetzt und wenig charmant ein Einheimischer im Dorf eine Gruppe ungepflegter, steinzeitähnlicher Ankömmlinge begrüßt. „Mir kemmen vom Paznaun außi.", erhielt er zur Antwort. Im Unterschied zum „Ötzi" hatten sie die Rückkehr in die Zivilisation noch geschafft.

Brunhilde wollte den Sommer mit ein paar erholsamen Tagen an einem beschaulichen Ort in Kärnten ausklingen lassen. Als sie sich am ersten Abend im Hotel zu Ruhe begab, ahnte sie nicht, welche Überraschung ihr in dieser Nacht widerfahren würde. Durch ein auffälliges Geräusch wurde sie plötzlich aus dem Schlaf gerissen. Irgendetwas raschelte unter ihrem Bett. Endlich fasste sie mit Herzklopfen den Mut und drehte das Nachtlämpchen an, um nach der Ursache zu sehen. Als sie unter das Bett spähte, entdeckte sie die Begrüßungs-Schokopraline, die auf den Boden gefallen und unter das Bett gerollt war, sowie den nächtlichen Ruhestörer. Der Eindringling war ein Eichhörnchen, das sich an der goldfarbenen Verpackung zu schaffen machte, um an den Leckerbissen heranzukommen. Und die wackere Brunhilde hatte schon gewähnt, weiß Gott, was für ein kühner Wecker sie ihres seligen Schlafes beraubt hatte.

Ein Weitgereister hielt im Pfarrsaal einen Vortrag über sein letztes Urlaubsziel Uganda und zeigte zahlreiche Bilder dazu. Eine ganze Serie von Aufnahmen hatte er im Urwald von den Gorillas gemacht, was einen Mann aus dem Publikum zu der Aussage bewegte: „Wozu sind Sie so weit gereist, um die vielen Affen zu sehen, wo es doch hierzulande genügend davon gibt?"

Im Rahmen der Maturafeier in einer landwirtschaftlichen höheren Schule erhielt die Frau Klassenvorstand ein originelles Geschenk von den Absolventinnen. Sie brachten auf einem Leiterwagen ein lebendes Ferkel in den Saal und übergaben es ihr. Bei der anschließenden festlichen Tafel wurde der anwesende Pfarrer um ein Tischgebet ersucht. Diesem fügte er eine launige Bemerkung über das appetitliche Maturageschenk hinzu. Die neue Besitzerin zeigte sich etwas indigniert über den geistlichen Anflug von Humor im Anblick eines so possierlichen Wesens. Als Hauptgericht wurden dann von den Schülerinnen aus der hauseigenen Küche Schweinsmedaillons aufgetragen. Niemand, nicht einmal die Anhängerin von „ja natürlich"*, vergoss indes eine Träne über dieses arme Schwein.

* Slogan aus der TV-Werbung einer Lebensmittelkette mit einem Ferkel

## AUS DEM MUND DER KINDER UND SÄUGLINGE
## SCHAFFST DU DIR LOB (Psalm 8)

Während der Messfeier verfolgte ein kleiner Bub sehr aufmerksam die Vorgänge im Altarraum. Nach der Kommunion beobachtete er, wie die Kommunionhelferin das Ziborium mit den Hostien in den Tabernakel zurückstellte. Der Naseweis zupfte seine Mutter am Ärmel und fragte unüberhörbar für die Gemeinde: „Mama, warum gibt die Tante den Pokal in den Kühlschrank?" - Aber auch bei größeren Buben kann es vorkommen, dass sie für die Riten des Gottesdienstes einer genaueren Erklärung bedürfen. Als der Priester einem jungen Mann den Kelch zum Kommunizieren reichen wollte, tauchte dieser offensichtlich uneingeweihte Gläubige seine Finger in den Wein und bekreuzigte sich. Durch die lange Abstinenz in der Corona-Zeit sind wohl manche Christen ganz aus der Übung gekommen.

Die Zeit vergeht im allgemeinen ja viel zu schnell – nur wenn man warten muss, kommt sie einem länger vor. Im Warteraum des Arztes musste sich schon so manch einer in Geduld üben. Einer Mutter ist es so ergangen, deren Sohn bereits recht ungehalten war, bis er, für alle Wartenden deutlich vernehmbar, verkündete: „Mama, ich muss aufs Klo!" Als die beiden deutlich entspannt zurückkehrten, fragte ein älterer Herr etwas ironisch: „Na, hast du recht viel müssen?" - „Ja", erwiderte der Knirps ebenso diskret, „aber die Mama auch!"

Bei den Hochämtern gibt es immer eine festliche Prozession mit Einzug nicht von der mittleren Tür der Stiftskirche, sondern von ganz hinten unter der Orgelempore. Einer von den neuen Ministranten hat den Herrn Kaplan vor Beginn des Pontifikalamts ganz aufgeregt gefragt: „Herr Kaplan, machen wir heute den Einlauf von hinten?". Das gemächliche Tempo des Einzugs erinnert jedoch nur im entferntesten an einen Lauf.

Die Ministranten haben mit dem Herrn Kaplan einen Ausflug nach Wien gemacht. Natürlich haben sie auch den Stephansdom besucht und sind auf den hohen Turm hinaufgestiegen. Dort konnten sie dann die großartige Aussicht auf die Stadt genießen. „Echt cool," hat ein Mädchen begeistert ausgerufen, „von hier aus sieht man alle Sehenswürdigkeiten von Wien, sogar McDonalds kann ich sehen!"

Mancherorts stehen die Sternsinger vor verschlossener Türe, obwohl jemand im Haus oder in der Wohnung zu sein scheint. Wenn sie anläuten und sagen: „Halloo, die Sternsinger sind da!", öffnet niemand. Ein gewiefter Bursche hatte da einen kleinen Trick angewendet. Er sagte in die Sprechanlage: „Halloo, ihr Amazon-Paket ist da!" und schon stand ein Mann im Schlafrock in der Tür und schaute dann allerdings etwas betroffen.

Zwei kleine Schulmädchen haben sich über den Papstrücktritt unterhalten. „Hast du schon gehört? - Der Papst hat gekündigt", sagte das eine, während ihre Freundin meinte: „Cool, dann darf er doch jetzt heiraten." – „Ich glaube nicht, dass er sich das mit seinen 85 Jahren noch antun wird", stellte darauf das erste ganz trocken fest.

Die Frau Lehrerin hat sich am Ende des Schuljahres von ihrer Schulklasse mit Tränen in den Augen verabschiedet und gesagt, dass sie ab Herbst in Pension sein werde. „Da brauchen Sie nicht traurig zu sein", meinte eine Schülerin wohlwollend, „wenn meine Eltern und ich im Sommer auf Urlaub gehen, geben wir unsere Katze auch in die Tierpension. Und da hat es ihr immer sehr gut gefallen." Man muss sich nur früh genug darauf vorbereiten, dann geht´s schon.

Der heilige Nikolaus ist ins Haus gekommen und hat sehr kinderfreundlich, wie er eben ist, den kleinen Kurti in seine Arme genommen. Als der Besuch wieder weg war, hat der Bub ganz stolz erklärt: „Ich weiß, wer der Nikolaus war – der Onkel Franz. Der riecht nämlich genau so." – Der Onkel Franz hat meistens eine unverkennbar starke Bierfahne.

Ein für seine wortreichen Vorträge bekannter Wissenschaftler hatte unter seinen Zuhörern auch einmal seinen halbwüchsigen Sohn. Ein Anhänger des Professors lobte den Knaben für sein Interesse und erkundigte sich, ob er auch alles verstanden habe. Seine Erwartung, dieser werde in Bewunderung über die väterliche Koryphäe ausbrechen, wurde jedoch enttäuscht. Der Sprössling antwortete gelassen: „Wissen Sie, was mein Papa sagt, das geht bei mir bei einem Ohr hinein und beim anderen wieder hinaus."

Kinder sind manchmal wie Mediatoren in einer Ehe. Als die Stimmung zwischen den Eltern wieder einmal recht gespannt war und ein Reizwort das andere ergab, versuchte Töchterchen Lucie sich mit ihren Vermittlungskünsten einzuschalten und sagte: „Papa, soll ich eine Flasche Wein aus dem Keller holen?" Dieser entgegnete etwas irritiert: „Wieso kommst du denn auf diese Idee?", worauf das Mädchen mit einem verschmitzten Lächeln argumentierte: „Weil du und Mama, wenn ihr Wein getrunken habt, dann immer so lustig werdet."

Bei einer Taufe in der winterlich kalten Kirche müssen die kleinen Kinder gut eingepackt werden, damit sie nicht frieren. Ihr Unbehagen bringen sie sonst stimmgewaltig zum Ausdruck. Die Eltern eines Mädchens hatten das sorgsam getan. Doch bevor sie es in den Wickelpolster gab, kämmte die Mutter noch das lockige Haar der kleinen Prinzessin mit einer Babybürste. Dennoch ließ sich der Täufling während der ganzen Feier nicht beruhigen und schrie unentwegt, auch wenn er noch so sehr geherzt und gewiegt wurde. Als die Mutter ihr Töchterchen in der warmen Stube des Gasthauses wieder auswickelte, entdeckte sie den Grund des lautstarken Protestes. Irrtümlich war die Bürste hinter den Rücken des Kindes gerutscht, weshalb es umso mehr schrie, je mehr man es an die Brust drückte.

„Missa brevis" (kurze Messe) war auf dem Programmzettel zum Hochamt zu lesen. Allerdings hatte sich die feierliche Liturgie etwas in die Länge gezogen. Allein der Namen waren viele bei der Allerheiligenlitanei, sodass ein sichtlich ermüdeter Ministrant sich vorsichtig beim nächst stehenden Priester erkundigte: „Wie lange dauert es noch?!" Entspannung trat ein, als der feierliche Zug in die Sakristei zurückgekehrt war. Derselbe Knirps ging auf den Chorherrn zu, der im Gottesdienst die Ewige Profess abgelegt hatte, und klopfte ihm von unten her solidarisch mit den Worten auf die Schulter: „Gut gemacht, Herr Jakobus!"

Die Kinder sind heute sehr von der Elektronikwelt geprägt. Als in der hl. Messe die Ministranten mit den Schellen geläutet haben, hat ein kleiner Bub gesagt: „Du, Mama, da vorne klingelt ein Handy und niemand hebt ab."

Die neue Lehrerin hat am Schulbeginn die Kinder ihr Alter schätzen lassen. Nachdem viele Vorschläge daneben gegangen waren, setzte sie die neugierige Schar in Kenntnis: „25 Jahre."- Einer der Knirpse kam aus dem Staunen nicht heraus und meinte: „Was?! – Da bist du ja so alt wie unsere alte Dreschmaschine zu Hause!"

Während der Firmspendung stand ein Ministrant neben dem Herrn Propst und hielt das silberne Gefäß mit dem Chrisamöl in der Hand, mit dem die Kandidatinnen und Kandidaten gesalbt werden. Ein junger Mann hatte sich offenbar nicht so gut gemerkt, was bei der Firmung geschieht und hat das Ölgefäß mit etwas anderem verwechselt. Als er vor dem Propst stand, zückte er aus seiner Hosentasche eine Zwei-Euro-Münze und warf sie in der Meinung, es handle sich um eine Opferbüchse, ehrfürchtig in die Dose. Ganz umsonst ist der Firmungsunterricht also doch nicht gewesen, wenn er einen jungen Christen so freigiebig gemacht hat.

Als man während der Schwangerschaft noch nicht eindeutig das Geschlecht des Kindes feststellen konnte, war für werdende Eltern und ihre Umgebung die Frage sehr spannend, ob es ein Mädchen oder Bub werden würde. Ein hellhöriges

Bürschchen in der Nachbarschaft verfolgte das Rätselraten der Erwachsenen über den zu erwartenden Nachwuchs eines Ehepaares, das in der selben Gasse wohnte. Als nun das Kind zur Welt gebracht war und es die Eltern stolz im Kinderwagen spazieren fuhren, kam der neugierige Knabe zufällig mit seinem Fahrrad des Weges. Der Schlaumeier bremste sich vor dem Paar ein und erkundigte sich voller Anteilnahme: „Wisst Ihr jetzt endlich, was es ist?"

Tobias ist kein Baby mehr, aber er trägt immer noch Windelhosen, weil es halt so bequem ist. Auch gutes Zureden und der Hinweis, dass er schon ein großer Bub sei, haben ihn nicht überzeugt, sich ihrer zu entwöhnen. Seit neuem hat Tobias jedoch einen wahren Verbündeten gefunden, Großonkel Helmut, der recht kränklich und pflegebedürftig ist. Auf ihn redet sich der kleine Naseweis jetzt aus: „Onkel Helmut ist auch schon ein großer Bub und hat noch die Windelhose an!"

## MUTTERSPRACHLICH UND FREMDLÄNDISCH

Die Gastgeber in einem fremdsprachigen Land fühlen sich meist geehrt, wenn man sie in ihrer Sprache anspricht. Ein Reisender hatte das in Polen probiert und bemühte sich sehr, auf die richtige Aussprache zu achten. In einem Andenkenladen wollte er Briefmarken kaufen, worauf ihm der Verkäufer erklärte, er hätte nicht mehr so viele vorrätig. Daraufhin gab ihm jener zu verstehen, ihm diese abzunehmen, und versuchte auf Polnisch „bitte", das heißt „proszę", zu sagen. Offenbar hatte er das Wort nicht ganz korrekt ausgesprochen, denn sein Begleiter, der neben ihm stand und des Polnischen mächtig ist, musste plötzlich lachen. Ein ähnliches Wort mit einem nasal ausgesprochenen Laut am Schluss, „prosię", hat nämlich eine ganz andere Bedeutung. „Du hast zu dem Mann Ferkel gesagt.", klärte ihn sein polnischer Freund auf. Zum Abschied sagte der Verkäufer mit einem freundlichen Lächeln: „Zgubić się!" (Hau ab!). „Was sind die Polen doch für überaus herzliche Menschen!", stellte der Sprachschüler beim Hinausgehen fest.

Im Kalender an einer gut sichtbaren Stelle in ihrer Küche trägt Frau Veronika alle ihre Termine ein, damit sie stets daran erinnert wird und keinen verpasst. Auch die Familienangehörigen können sich durch einen Blick darauf über ihre Aktivitäten informieren. Im Dezember hatte sie jeden Mittwoch mit rotem Stift groß das Wort „Rorate" aufgeschrieben. Ihr Schwiegersohn hatte es im Vorübergehen gelesen und erschrocken festgestellt: „Ach, du meine Güte, Muttchen geht jetzt in Karate!" Neuerdings ist er sehr freundlich zu seiner Schwiegermutter.

Der Eberhard hat etwas länger gebraucht, bis er endlich eine passende Freundin gefunden hat. Seine Mutter hätte so gerne gesehen, wenn er ins Seminar gegangen wäre, um Priester zu werden. Den Wunsch muss sie nun jedoch fahren lassen. Beim Pfarrcafé möchte Eberhard der Mutter seine Zukünftige vorstellen. Sie steht in einer Gruppe von jungen Frauen und Eberhard sagt: „Mama, rate mal, welche von ihnen es ist." Die Mutter zeigt ohne lang zu überlegen auf eines der Mädchen. Er ist ganz erstaunt, dass sie die Richtige erraten hat und fragt, weshalb sie denn gerade die für die passende halte. Die Mutter antwortet darauf trocken: „Die war mir gleich unsympathisch." Das ist wahrhaft Mutterwitz.

Manche versuchen, die Bibel in eine zeitgemäße Sprache zu übersetzen, wie unlängst ein Lektor im Gottesdienst: „... sie führten einige Streifenwagen gegen den Apostel Paulus ins Feld ..." – eigentlich hätte es „Streitfragen" heißen sollen. Wahrscheinlich sieht sich der Mann gerne Krimis im Fernsehen an. Eine Lektorin hat hingegen gelesen: „Mag ein Herr mich belagern, ich wanke nicht." Im Text steht zwar Heer, aber die Dame scheint wirklich sehr tugendhaft zu sein.

Ein Gast in einem Café in der Stadt war mit dem Lösen eines Kreuzworträtsels in einer Tageszeitung beschäftigt und fragte den Kellner: „Herr Ober, können Sie mir, bitte, weiterhelfen? Was heißt bete und arbeite auf lateinisch - elf Buchstaben?" Der Kellner dachte kurz nach und antwortete: „Ich glaub, urbi et orbit." Der Gast bedankte sich und sagte: „Sehr gut, Mehmed, mit Ihnen ist das christliche Abendland noch nicht verloren."

Zwei Studenten verbrachten einige Wochen in den Sommerferien in England, um ihre Englischkenntnisse zu verbessern. Zur Finanzierung ihres Aufenthalts nahmen sie einen Job in einer Gaststätte an. In der ersten Zeit wuschen sie das Geschirr und weil sie sich als tüchtig erwiesen, durften sie dann auch in den Service. Eines Tages sollten sie Tomatensuppe servieren. Sie traten in den Speisesaal und offerierten den Gästen auf gut österreichisch eine „paradise-soup", die jedoch niemand nehmen wollte. So brachten sie die Teller in die Küche zurück und berichteten: „Nobody has ordered it" (niemand hat sie bestellt). Seit damals wissen sie, dass Paradeiser auf Englisch *tomato* heißt.

Der Herr Prälat fuhr durch eine Stadt in Tschechien und forschte nach einer bestimmten Klosterkirche. Nicht nur für Gäste kann das eine Herausforderung sein, auch für manche Einheimische, die die Kirche an sich keiner großen Aufmerksamkeit würdigen. Der ausländische Gast versuchte nun, sich mit seinem besten Tschechisch verständlich zu machen, und rief einem Passanten vom Auto aus zu, indem er mit dem Zeigefinger in eine Richtung deutete: „Klaster?" Erschrocken starrte ihn der Befragte an und bekreuzigte sich. Da nämlich das tschechische Wort für Kloster kláŝter (klaschter) nicht mit einem S ausgeprochen wird, dachte er wahrscheinlich, der Fremde würde ihn vor einem Corona-Cluster warnen, das sich in der Nähe befinde, und bekam es mit der Angst zu tun.

Fliegen geht manchmal leicht, nur das Landen ist die größere Kunst. So ist ein etwas beleibterer Mitbruder einmal im Sturzflug auf seinem Gesäß gelandet, was ihm ziemliche Schmerzen verursachte. Da er seinen Dienst für einige Zeit nicht versehen konnte, rief er den Herrn Propst an, um sich krank zu melden. Der Sekretärin sagte er recht blumig und nicht zu direkt, wie es seine Art war: „Ich bin auf den Unaussprechlichen gefallen", worauf diese dem Herrn Prälaten ganz aufgeregt meldete: „Der Herr Karl ist hingefallen und ist unansprechbar."

Ein Jakobspilger war beim Abendessen im Stift. Weil er der deutschen Sprache nicht so mächtig ist, hatte er zwecks besserer Verständigung ein Wörterbuch bei sich. Als ihn ein Mitbruder fragte, ob er noch etwas zum Essen nachreichen dürfe oder ob er schon gesättigt sei, schaute er wieder in seinem Diktionär nach und antwortete dann: „Nein danke, ich habe die Schnauze voll."

Manchmal bereitet auch die eigene Muttersprache Probleme, wenn sich Umgangs- und Hochsprache voneinander unterscheiden. Ein Schüler aus „einfachem" Hause wurde vom Professor zum Thema der *Freud'schen Versprecher* an Hand eines Beispiels geprüft. „Eine Frau empfängt Gäste, über deren Besuch sie nicht sehr erfreut ist," begann der Lehrer, „und obwohl sie sich bemüht, höflich zu bleiben, begrüßt sie diese mit den Worten: *Ziehen Sie ab!* - Was hätte sie eigentlich sagen wollen?" Der Bursche antwortete siegessicher: „Ziehen Sie sich aus!", worauf die Klasse in schallendes Gelächter ausbrach. In seiner Familie drückte man sich eben nicht so gewählt aus, indem man die Gäste aufforderte: „Legen Sie ab!"

## SELIGER RUHESTAND

Der Herr Pfarrer hat vor Weihnachten bei einer älteren Dame einen Besuch gemacht, um ihr die Kommunion zu spenden. Die Verwandten entschuldigten sich, weil die Oma schon etwas dement sei und deshalb nicht in die Kirche kommen könne. „Aber sie feiert die hl. Messe jeden Sonntag im Fernsehen mit", beteuerte ein Familienmitglied, „und trotz ihrer Demenz kann sie immer noch den katholischen von einem evangelischen Gottesdienst unterscheiden." „Na dann ist es ja in Ordnung!", erwiderte der Geistliche.

Die Oma ist oft ein wenig vergesslich oder dement, wie man heute zu sagen pflegt. Mit den Namen hat sie ihre liebe Not, die fallen ihr nicht immer gleich ein, nicht einmal die ihrer Enkel, denn sie hat ja schon eine ganze Reihe davon. Aber die wissen das und können damit umgehen. Ein anderes Leiden hat sie in den Füßen, die tun auch nicht mehr so recht mit. Als neulich eine Enkelin auf Besuch kam, wollte sie ihr entgegen gehen, um sie zu begrüßen. Doch weil die Füße so schmerzten, hat sie nur stöhnend hervorgebracht: „Au – au - au!" Die Enkelin sagte darauf verständnisvoll: „Oma, Aurelia heiß' ich, Au-relia."

Mit den Nachbarn haben manche ihre liebe Not. Nach jahrelangem Zwist hat ein streitbarer Zeitgenosse, der seinen Nachbarn oft das Leben schwer machte, das Zeitliche gesegnet. Die Trauer war deshalb bei diesen auch nicht allzu groß. Doch unter die Gefühle der Erleichterung mischte sich ein gewisser Ärger. „Jetzt haben die Hinterbliebenen die Urne mit seiner Asche im Garten aufgestellt, dass ich den unleidlichen Menschen erst recht jeden Tag vor mir habe", beklagte sich die Nachbarin über die neuerliche Provokation.

In Johann Nestroys Posse „Das Mädl aus der Vorstadt" plädiert die Figur des Schnoferl dafür, dass die Männer Großmut verdienen. „Es gibt Fälle," sagt er, „wo wir auch unverkennbare Züge von Großmut entwickeln. Wir haben zum Beispiel a sekkante Frau, die uns nicht a Stund eine Ruh gibt, und wir wünschen ihr dafür die ewige Ruh! Wenn das nicht großmütig ist, nachher weiß ich's nit." Dieselbe Großmut entwickeln wohl auch manche Ehefrauen gegenüber ihren Gatten. Aber es ist schon passiert, dass einer zu sich selbst so großmütig war. Beim Gedächtnis an die Verstorbenen hat ein Mitbruder einen vielleicht verborgenen Wunsch ausgedrückt, indem er betete: „Herr, gib uns die ewige Ruhe!"

Vor 250 Jahren ist Ludwig van Beethoven zur Welt gekommen. Man weiß nur den Tag seiner Taufe, das war der 17. Dezember 1770; vermutlich wurde er einen Tag davor geboren. Über seine Todesursache wird noch mehr gerätselt. Manche behaupten, er wäre am Verzehr eines bleihaltigen Donaufisches gestorben. Andere meinen, im Wein, den er gerne süß getrunken hat, hätte sich zu viel Blei befunden. Somit wäre Beethoven das erste und prominenteste Opfer des späteren Weinskandals. Wieder andere sagen, die Vergiftung sei von den Medikamenten gekommen, die ihm gegen seine Leiden verabreicht wurden. Damals wurde eben noch nicht die Garantie abgegeben: „Vor unerwünschten Nebenwirkungen und Folgen informieren Gebrauchsanweisung, Arzt oder Apotheker."

Der Herr Bürgermeister hat beim Empfang im Rathaus einen älteren Herrn begrüßt und sich überrascht gezeigt, dass seine hochbetagte Ehefrau auch mitgekommen ist. Erfreut stellte er fest: „Ach, Sie sind auch da, gnädige Frau?!" Da diese ihren

Hörapparat nicht aufgesetzt hatte, fragte sie bei ihrem Gatten nach: „Was hat er gesagt?" Und dieser gab ihr unüberhörbar und korrekt zur Antwort: „Er hat gefragt, ob Du auch da bist?" Die Dame antwortete etwas verwundert: „Ja, ich bin auch da. Ich höre nur etwas schlecht. Aber ich hab' nicht gewusst, dass Sie schon so schlecht sehen.

Wir sind es gewohnt, dass sich immer etwas tut in unserer Umgebung, auch im Gottesdienst. Nach Möglichkeit wollen wir deshalb auch nichts versäumen. Menschen, die schlecht hören, kommen da manchmal ziemlich in Stress. Als der Geistliche bei der Messe die Gemeinde bat, für einige Momente Stille zu halten, tönte in die Lautlosigkeit zunächst das Pfeifen eines Hörgeräts und dann die Stimme eines älteren Mannes hinein, der rief: „Lauter, lauter – ich höre nichts!"

Totengräber ist manchmal ein aufregender Beruf. Ständig hört er das „Lied vom Tod" und meint, der Knochenmann grinse ihm hämisch entgegen. Wen wundert es, dass mancher seinen Ängsten mit „Beruhigungstropfen" auszuweichen versucht, denn scheinbar geben auch die Toten nicht immer Ruhe. Ein Erlebnis besonderer Art hatte ein Vertreter dieser Zunft, als er ein Grab zuschaufeln wollte. Den Hinterbliebenen war aufgefallen, dass die dritten Zähne des verstorbenen Opas am Nachtkästchen geblieben waren, und entschlossen sich, ihm diese am Ende des Begräbnisses ins Grab mitzugeben. Als der Totengräber hinterher das Gebiss auf dem Sarg erblickte, erschrak er beinahe zu Tode und beschloss, für einige Zeit keinen Tropfen mehr zu sich zu nehmen.

*Die „besten" Gedanken kommen oft erst hinten nach.*

## „NIMM DICH NICHT SO WICHTIG"
### WORTE ZUM AUSKLANG

Der Humor galt in der Kirche nicht zu allen Zeiten als ein besonderer Wert oder gar als eine Tugend. Allzu lange haben fromme Eiferer das Christentum geprägt, die meinten, eine Religion sei umso wahrer, je radikaler und unfroher sie von ihren Anhängern vertreten werde. Solche Menschen nehmen sich auf ungesunde Weise selbst zu ernst und zu wichtig. „Giovanni, nimm dich nicht so wichtig", sagte der hl. Johannes XXIII., nachdem er die schwere Bürde seines Amtes auf sich genommen hatte. Auch in der Bibel findet sich der Zusammenhang von Humor und einem erlösten Leben. So heißt es etwa im Psalm 126: „Als der Herr das Los der Gefangenschaft Zions wendete, … da war unser Mund voll Lachen." Gerade der Glaube in Verbindung mit dem Humor hat Menschen schwierige Situationen überleben lassen. Der jüdische Religionsphilosoph Martin Buber hat den Humor als „Milchbruder des Glaubens" bezeichnet. Ohne den Ernst der Fastenzeit gäbe es ja auch nicht die Heiterkeit des Faschings.

Das Wort *Humor* hängt mit dem lateinischen *humus*, Erde, zusammen und zeigt, dass humorvolle Menschen geerdet sind und eine gewisse Demut (*humilitas*) haben, weil sie ihre eigenen Schwächen und Unzulänglichkeiten eingestehen und über sich selbst lachen können. Natürlich macht man sich viel lieber über die Eigenheiten, Fehler und Irrtümer anderer lustig und nimmt sie aufs Korn. Sie sind ja der Stoff für die Bühnen der Komödien, des Kabaretts und der Faschingssitzungen. Die Witze und Possen, die hier gerissen werden, bieten die Möglichkeit, manche Kritik auf lustige Weise anzubringen, weil die Narrenkappe es einem erlaubt, die Dinge frei heraus zu sagen, ohne dass dies geahndet wird. Die Kritik darf jedoch niemals böse und vernichtend sein, denn auch die Betroffenen sollten darüber noch lachen können.

Herrscher hielten sich in früheren Zeiten Hofnarren, weil sie wussten, wie nötig es ist, jemanden um sich zu haben, der einem hin und wieder ganz ehrlich den Spiegel vor das Gesicht hält. Gute Hofnarren verstanden es, die Wahrheit zu bringen, ohne dass sie dabei eine Majestätsbeleidigung riskierten. Diese Freiheit wurde ihnen gewährt. Schlechte Herrscher dulden es jedoch nicht, wenn man ihnen offen die Meinung sagt, sie verweigern sich der Realität und leben in ihrer eigenen (Schein-)Welt. Sie reagieren daher zumeist erbost, wenn man sie mit ihren Schwächen und Fehlern, ihren Irrtümern und Fehlinterpretationen konfrontiert. Ein Mensch mit Humor hat hingegen die Größe zuzugeben: „Da habe ich mich geirrt." Dieses Eingeständnis mindert nicht seine Autorität, sondern beweist seinen festen Stand auf dem Boden des Lebens und dass er bereit ist, sich mit der Begrenztheit seines Handelns und Denkens immer wieder zu versöhnen. Dass eine solche Haltung nicht leicht ist, wissen wir nur zu gut. Wenn sie einem nicht mit der Muttermilch ähnlich dem

Mutterwitz eingegeben wurde, muss man sie im Leben erst erlernen und einüben, sie sich zu eigen machen.

An ein Erlebnis in meiner Volksschulzeit im Burgenland erinnere ich mich noch sehr gut. Der Lehrer, der auf mich sehr streng wirkte, holte mich an die Tafel und stellte mir eine Rechenaufgabe. Er sagte mit ernster Miene: „Du warst gestern mit deinem Vater im Weinkeller." Die Anschuldigung wies ich sofort zurück und erklärte mit zittriger Stimme, ich wäre ganz bestimmt nicht mit meinem Vater an diesem Ort gewesen. Der Lehrer bestand jedoch darauf und fuhr fort, ich hätte drei Achtel Wein getrunken und mein Vater den Rest aus der Literflasche. Wie viele Achtel wären das wohl gewesen, wollte er nun wissen. Ich sah, dass der gestrenge Herr mir keinen Glauben schenkte, und leugnete vehement die Tat, zumal ich damals Wein als ein ekeliges Getränk empfand. Die ganze Klasse war indes äußerst erheitert über meinen Ernst und brach in schallendes Gelächter aus. Das Augenzwinkern und verschmitzte Lächeln des weisen Mannes hatte ich als einziger nicht verstanden. Humor muss eben gelernt werden. Später konnte ich auch über mein Unverständnis lachen.

Humor heißt bestimmt nicht wie in Franz Léhars Operette, man müsse „immer nur lächeln". Ein „Land des Lächelns" wäre wohl mit der Zeit unerträglich, weil es Situationen und Ereignisse im Leben gibt, die alles andere als zum Lachen sind und über die man keine Witze machen und die man schon gar nicht befürworten sollte. Aber gerade hier zeigt sich auch die Nähe zum Humor, weil der Mensch außer sich sein kann vor Freude und Begeisterung und beim Lachen genauso, wie wenn er empört und entrüstet ist über das Verhalten anderer. Dieses Außer-sich-sein kennzeichnet den Narren oder die Närrin. Wie schön ist es, wenn sich ein Mensch für uns zum Narren macht – es ist ein Zeichen der Liebe. Nicht von ungefähr sind die tollpatschigen Clowns so beliebt, weil wir uns in ihnen wiedererkennen und uns selbst wieder liebenswert finden dürfen. Somit wünsche ich uns allen genügend Grund zum Lachen, damit wir es nicht verlernen oder es vielleicht wieder entdecken und den Gesundheitswert des Lachens zu schätzen wissen.

*Zu guter Letzt:*

*Der Autor*

Geboren 1959 in Innsbruck (Tirol) als einziger Sohn des Ehepaares Josef und Maria Lenz (von Beruf Tischler und Schneiderin, unselbständig), getauft auf den Namen Bertram, aufgewachsen in Innsbruck und Zirl, nach der Übersiedlung im Sommer 1968 in Rechnitz (Burgenland); Absolvierung der Hauptschule und dann Musisch-Pädagogisches Realgymnasium (evangelische Privatschule) in Oberschützen, 1977 Matura und anschließend zwei Semester Jusstudium in Wien, Abbruch des Studiums und mehrere Jahre Berufstätigkeit (Buchhandel und Büro) in Wien; danach Beginn des Studiums der Theologie in Wien und 1985 Eintritt in das Augustiner-Chorherrenstift Herzogenburg mit Verleihung des Ordensnamens H. Mauritius*, 1989 Feierliche Profess, 1991 Sponsion zum Magister der Theologie in Wien, Diplomarbeit im Fach Kirchengeschichte zum Thema „Der Stammbaum der Lateranensischen Regularkanoniker" (veröffentlicht im „Jahrbuch des Stiftes Klosterneuburg", Neue Folge Bd. 21-2011), im selben Jahr Priesterweihe durch den damaligen Kölner Erzbischof Joachim Kardinal Meisner in der Stiftskirche Herzogenburg, Kaplan in Herzogenburg und St. Pölten-Radlberg, Pfarrmoderator in Statzendorf, von 2011 bis 2017 und seit 2019 Stiftsdechant und seit Herbst 2011 Pfarrmoderator in Herzogenburg, mehrere Jahre Seelsorger bei jungen Menschen mit geistigen Behinderungen und seit zwölf Jahren geistlicher Assistent des Katholischen Akademikerverbands der Diözese St. Pölten; seit 2013 Rot-Kreuz-Kurat; Hobby: Theater und Gesang.

Vom Autor bereits erschienen im Fromm-Verlag:

*Auf der Straßenbahn mit Namen Sehnsucht. Eine Fahrt durch die Vor(w)orte des Christseins* (ISBN: 978-3-8416-0969-4)
*Die Weinhecke an der alten Klostermauer. Das Kloster als Humus für Lebenskunst und Humor* (ISBN: 978-3-8416.5006.1)
*3 x 7 = Höhere Mathematik? 21 Gedankenspiele über Gott und die Welt* (ISBN 978-613-8-36580-8)

* Da die Augustiner-Chorherren bzw. Regularkanoniker (Abkürzung Can.Reg.) kein monastischer Orden sind wie die Benediktiner oder Zisterzienser, werden sie nicht mit Pater oder Frater angesprochen, sondern mit Herr (Abkürzung H.) analog dem italienischen Don als Anrede für Priester.

**MIX**
Papier aus verantwortungsvollen Quellen
Paper from responsible sources
**FSC**
www.fsc.org
**FSC® C105338**

Printed by Books on Demand GmbH, Norderstedt / Germany